Découvrez l'histoire par les archives de presse

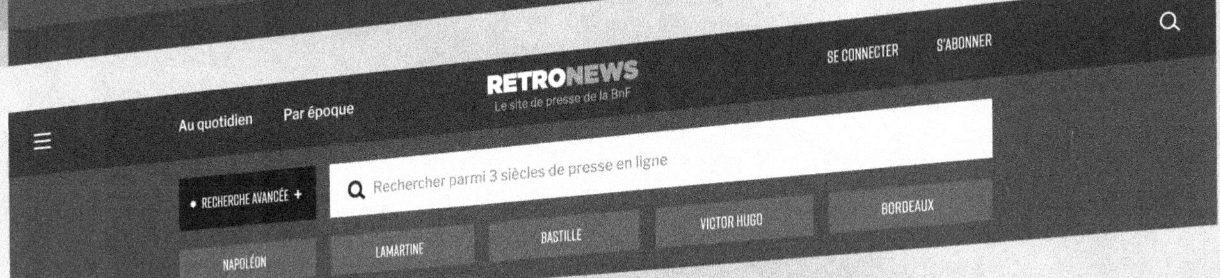

RETRONEWS

Le site de presse de la BnF

www.retronews.fr

ANNUAIRE

DE LA

SOCIÉTÉ ARCHÉOLOGIQUE

DE LA

PROVINCE DE CONSTANTINE.

Année 1853.

CONSTANTINE
IMPRIMERIE DE F. GUENDE
PLACE DU PALAIS

ANNUAIRE

DE LA

SOCIÉTÉ ARCHÉOLOGIQUE

DE LA

PROVINCE DE CONSTANTINE

1855

CONSTANTINE		PARIS
F. GUENDE, LIBRAIRE		A. LELEUX, LIBRAIRE
PLACE DU PALAIS		RUE DES POITEVINS, 11

MDCCCLIII

STATUTS

DE LA

SOCIÉTÉ ARCHÉOLOGIQUE

de la

PROVINCE DE CONSTANTINE.

BUT DE LA SOCIÉTÉ.

La Société Archéologique de Constantine est fondée dans le but de recueillir, de conserver et de décrire tous les monuments historiques et archéologiques de la Province.

TITRE PREMIER.

COMPOSITION DE LA SOCIÉTÉ,

Du Bureau et du Conseil d'Administration.

ARTICLE 1er. — Le nombre des membres de la Société est indéterminé. On en fait partie après avoir été présenté par deux membres, et avoir été reçu à la pluralité des voix, dans la séance qui suit la présentation.

ART. 2. — Les membres du bureau sont : un président et deux vice-présidents ; un secrétaire-archiviste, un secrétaire-adjoint et un trésorier.

ART. 3. — Le Conseil d'administration se compose du bureau, réuni à cinq membres de la Compagnie élus à la majorité relative des suffrages.

TITRE II.

FONCTIONS DES MEMBRES DU BUREAU.

ART. 4. — Le président maintient l'ordre dans les assemblées; il a voix prépondérante, en cas de partage, dans toutes les délibérations. Il règle l'ordre des lectures. Il signe la correspondance et autorise dans les cas d'urgence, toutes les dépenses au-dessous de 25 francs, à charge par lui d'en rendre compte, dans la plus prochaine séance, à la Société qui seule aura droit d'ordonner les dépenses s'élevant à un chiffre supérieur. Il est membre-né de toutes les commissions; il porte la parole, en toute occasion, au nom de la Société.

Art. 5. — Lorsque, par un empêchement quelconque, le président ne peut assister aux réunions, il est remplacé par l'un des vice-présidents, suivant l'ordre déterminé par l'art. 6.

Art. 6. — Les vice-présidents prennent rang d'après la quantité de suffrages obtenus lors de leur élection, ou par ancienneté d'âge, dans le cas d'égalité dans le nombre des suffrages.

Art. 7. — Le secrétaire rédige et signe les procès-verbaux des séances, il signe aussi la correspondance par délégation du président. Il tient les registres relatifs aux travaux de la Société, en la forme arrêtée par le Conseil d'administration. Il présente chaque année, en assemblée publique, le compte-rendu des travaux de la Société. En cas d'empêchement, il est suppléé par le secrétaire adjoint.

Art 8. — Le trésorier est chargé du recouvrement des cotisations et du paiement des dépenses de la Société; mais il ne peut effectuer aucune dépense sans le *visa* du président. Il tient un registre de recettes et dépenses; il rend ses comptes tous les ans et plus souvent, si le cas l'exige, au Conseil d'administration qui les vérifie et les arrête.

TITRE III.

CONSEIL D'ADMINISTRATION.

Art. 9. — Le Conseil d'administration a la gestion de toutes les affaires intérieures de la Société. Il règle les recettes et les dépenses, reçoit et arrête les comptes du trésorier; il a la haute surveillance des archives, de la bibliothèque et des registres. Il forme le tableau annuel des membres de la Société, et se réunit une fois par mois, et plus souvent, s'il y a lieu, sur la convocation du président.

Art. 10. — Le Conseil d'administration ne peut délibérer s'il n'est composé de cinq membres au moins.

TITRE IV.

ÉLECTION DES MEMBRES DU BUREAU

et du Conseil d'Administration.

ART. 11. — La Société nomme au scrutin secret et à la majorité absolue des suffrages le président et les vice-présidents, le secrétaire-archiviste, le secrétaire-adjoint et le trésorier, et à la majorité relative, les autres membres du Conseil. Aucune de ces élections ne peut être valable, si le tiers au moins des membres résidant au chef-lieu de la Société n'a pris part au vote.

ART. 12. — Les fonctions du président et celles des vice-présidents durent un an. Le président seul ne peut être élu qu'à un an d'intervalle.

ART. 13. — Les fonctions du secrétaire-archiviste et du secrétaire-adjoint sont conférées pour deux ans ; ils sont rééligibles sans intervalle.

ART. 14. — Les fonctions du trésorier durent un an. Le trésorier peut être réélu indéfiniment.

ART. 15. — Les membres du Conseil d'administration restent en fonctions pendant trois ans.

ART. 16. — Les élections des membres du bureau et celles des membres du Conseil d'administration ont lieu dans la première séance du mois de janvier ; ils entrent immédiatement en fonctions.

TITRE V.

TRAVAUX DE LA SOCIÉTÉ.

ART. 17. — La Société se réunit deux fois par mois, et plus, s'il est nécessaire, aux jours qui seront fixés par le bureau.

ART. 18. — Les travaux adressés à la Société par ses membres ou par des correspondants sont mentionnés sur un registre particulier tenu par le secrétaire.

ART. 19. — Le secrétaire présente chaque année au Conseil d'administration un état détaillé des ouvrages et objets déposés aux archives et à la bibliothèque.

TITRE VI.

SÉANCE ANNUELLE ET PUBLICATION DES TRAVAUX.

Art. 20. — La Société tient annuellement une séance publique dont elle détermine l'époque.

Art. 21. — Cette séance est consacrée au résumé des travaux de la Société, à la nécrologie des membres décédés dans l'année et à la lecture de mémoires ou de documents archéologiques.

Art. 22. — La Société publie tous les trois mois un bulletin de ses travaux, et, en fin d'année, s'il y a lieu, un recueil contenant les travaux les plus intéressants qui lui auront été présentés.

Art. 23. — Aucun travail ou mémoire ne peut être publié dans le bulletin ou dans le volume sans une délibération de la Société.

Art. 24. — Tous les membres reçoivent gratuitement le bulletin.

Art. 25. — Le volume imprimé chaque année est retiré moyennant une somme déterminée par le Conseil d'administration.

TITRE VII.

COTISATION.

Art. 26. — Chaque membre de la Société doit une cotisation annuelle de 20 francs, qui sera payée intégralement dans le courant du mois de janvier. Le prix du diplôme est fixé à 10 francs.

Art. 27. — Quelle que soit la date de la réception d'un membre, sa cotisation court du commencement de l'année pendant laquelle il a été admis. Il reçoit les bulletins de l'année entière.

TITRE VIII.

RÉVISION DU RÉGLEMENT.

Art. 28. — Aucune proposition tendant à modifier les statuts, ne peut être soumise à la Société, qu'autant qu'elle sera signée de 15 membres. Il sera décidé dans une assemblée extraordinaire sur la suite à y donner.

Le présent réglement a été discuté en séance publique, et adopté par tous les membres fondateurs soussignés :

MM. Auber, architecte en chef du département;

Brosselard (Ch.), chef du bureau arabe départemental;

Ceccaldi, médecin principal à l'hôpital militaire de Constantine;

Cherbonneau (A.), professeur d'arabe à la chaire de Constantine;

Choisnet (J.), secrétaire-général de la Préfecture;

Creully, colonel du génie, directeur des fortifications de la province;

Creusat (B.), curé de la paroisse, à Constantine;

Dubard, procureur impérial à Constantine;

L'abbé de Glatinay, président du tribunal, à Constantine;

de Lannoy, ingénieur en chef des ponts-et-chaussées du département;

Le Baron (A.), lieutenant-colonel, chef du génie à Constantine;

Millochin (A.), inspecteur de l'enregistrement et des domaines, chef du service de la province;

de Neveu (E.), chef d'escadrons d'état-major, directeur des affaires arabes de la province;

Valois (A.), juge de paix, à Constantine;

Vital (A.), médecin principal à l'hôpital militaire de Constantine;

LISTE

des Membres souscripteurs par ordre alphabétique.

MM. AUBER, architecte en chef du département de Constantine ;

AUBIN, sous-lieutenant au 3ᵉ chasseurs d'Afrique ;

BACHE, employé de la Préfecture de Constantine ;

BROSSELARD, chef du bureau arabe civil départemental ;

CECCALDI, médecin principal de 1ʳᵉ classe ;

CHERBONNEAU, professeur d'arabe à la chaire de Constantine ;

CHOISNET, secrétaire-général de la Préfecture de Constantine ;

COOPMAN, vérificateur des Domaines, à Constantine ;

CREULLY, colonel du Génie, directeur des fortifications de la province de Constantine ;

CREUZAT, curé de Constantine ;

DUBARD, procureur impérial à Constantine ;

DUBOC, chef du service des mines de la province ;

DUPOUET, capitaine du génie ;

FOY, commandant du génie à Batna ;

GADOT, pharmacien ;

LABBÉ DE GLATINAY, président du Tribunal de Constantine ;

LANNOY (DE), ingénieur en chef des Ponts-et-Chaussées, à Constantine ;

LE BARON, lieutenant-colonel du génie ;

LONG, commandant du génie à Bône ;

LUC, défenseur à Constantine ;

MARSILLY (DE), capitaine du Génie à Constantine ;

MEURS, architecte de l'arrondissement de Philippeville ;

MILLOCHIN, directeur de l'Enregistrement et des Domaines de la province de Constantine ;

NEVEU (DE), chef d'escadrons d'état-major, directeur divisionnaire des affaires arabes de la province ;

REMOND, inspecteur des bâtiments civils à Constantine ;

STAMMLER, capitaine du génie ;

MM. SWEINBERG, sous-lieutenant des tirailleurs indigènes, à Lambèse;

VALOIS, juge de paix à Constantine;

VEILHAN, capitaine du génie;

VIGNARD, interprète principal de l'armée d'Afrique;

VITAL, médecin principal de l'hôpital militaire;

VIVIÈZ, vérificateur des Domaines, à Constantine.

Membres Honoraires.

RENIER (LÉON), sous-bibliothécaire de la Sorbonne;

TEXIER, inspecteur général des bâtiments civils de l'Algérie.

BUREAU POUR 1853.

MM. CREULLY, Président;

DE LANNOY, premier vice-président;

CECCALDI, deuxième vice-président;

CHERBONNEAU, secrétaire-archiviste;

AUBER, secrétaire-adjoint;

MILLOCHIN, trésorier.

Membres du Conseil d'Administration.

MM. CREUZAT,

VITAL,

CHOISNET,

L'ABBÉ DE GLATINAY,

DUBARD.

MM. Savignac, sous-lieutenant des tirailleurs indigènes
à Laghouat;
Cavaignac de paix à Constantine;
Duruy, capitaine du génie;
Luzzani, interprète principal de l'armée d'Afrique;
Arru, médecin principal de l'hôpital militaire;
Sarin, vérificateur des domaines, à Constantine.

Membres-Résidants

Bryan, Lucas, sous-bibliothécaire de la médersa;
Faivre, inspecteur général des bâtiments civils de
l'Algérie;

———

HIVER 1861-1862.

MM. Carrière, Président.
De Lazzara, président vice-président;
Chevalier, secrétaire vice-président;
Gastonnet, secrétaire-archiviste;
Arru, secrétaire-adjoint;
Montlezun, trésorier.

Membres du conseil de l'administration

MM. Grasset,
Arru,
Guasco,
Faivre de la...,
Bryan.

ANNUAIRE

DE LA

SOCIÉTÉ ARCHÉOLOGIQUE

DE LA

PROVINCE DE CONSTANTINE.

COUP-D'ŒIL

sur les antiquités de la Province de Constantine.

La création d'une société scientifique dans un pays à peine ouvert aux conquêtes de la civilisation, est une entreprise qui peut sembler téméraire. Aussi n'est-ce point une académie que nous avons prétendu fonder. Nous ne sommes, la plupart, ni des érudits, ni même seulement des gens de loisir, deux espèces à peu près inconnues sur cette terre d'Afrique, où chacun est par état, tout entier aux affaires, soit publiques, soit privées. Mais dans le cercle restreint que nous nous sommes tracé, et qui est défini par ces mots :

RECUEILLIR, CONSERVER, DÉCRIRE,

la bonne volonté pourra suppléer au défaut de savoir. Le manque de temps sera compensé par les facilités que procure à plusieurs d'entre nous l'exercice des fonctions publiques.

Nous osons donc croire que notre association est appelée à rendre d'utiles services à la science dans le curieux champ d'exploration que nous allons esquisser rapidement.

La province de Constantine est formée de deux provinces

romaines des derniers temps de l'Empire, la Numidie et la Mauritanie Sitifienne. Tout ce qu'on peut apercevoir à travers l'obscurité des documents anciens, sur l'histoire primitive de cet étrange pays, c'est qu'au moment de la conquête romaine deux races principales se le partageaient, les Lybiens, qu'on peut regarder comme autochthones, et les Phéniciens, peuple venu d'Asie. Cette hypothèse semble aujourd'hui se confirmer par l'étude des races qui habitent actuellement la contrée. On sait que la langue phénicienne est dérivée du chaldaïque, comme l'hébreu et l'arabe avec lesquels elle a les affinités les plus marquées. Or la langue Berbère, qui se parle dans les principaux massifs montagneux et jusque dans les profondeurs du Sahara, n'a aucun rapport avec l'idiôme arabe, ni par conséquent avec le phénicien. D'un autre côté, les fouilles qui s'exécutent dans la province de Constantine, commencent à mettre à nu un assez grand nombre d'inscriptions tumulaires en caractères tout à fait différents de ceux qu'employaient les Phéniciens.

Si nous voulions remonter plus haut dans la nuit des temps, nous dirions que l'Afrique présente aussi quelques-uns de ces monuments grossiers que les archéologues modernes attribuent à un peuple antérieur aux époques historiques ; non pas que nous considérions comme tels tous ces prétendus *dolmen* que des personnes peu familiarisées avec ce genre d'antiquités ont cru voir sur quelques points très-avancés dans l'intérieur des terres, et qui ne sont en réalité que des pierres arrachées à des constructions romaines, mais parce que l'existence de véritables *dolmen* portant tous les caractères de ceux du littoral armoricain, ne saurait être contestée dans le pâté montagneux qui avoisine le golfe de Numidie.

La province de Constantine offre donc aux investigations des savants de grands problèmes d'histoire pour la solution desquels nous serons heureux de leur fournir des matériaux.

Après les considérations générales, aux quelles nous regrettons de ne pouvoir donner plus de développement, il ne sera pas inutile d'entrer dans quelques détails de localité, qui serviront à démontrer combien il est regrettable que les amis de la science archéologique n'aient pas songé plus tôt à unir leurs efforts pour sauver de la destruction les richesses dispersées sur le sol, et combien cependant il en reste encore de précieux à recueillir.

Constantine, l'antique *Cirta*, capitale de la Numidie, renfermait encore au moment de la conquête française, un grand nombre de ruines romaines, dont la plupart ont disparu dans les travaux de construction de notre établissement. Indépendamment des documents épigraphiques publiés dans le présent volume, quelques morceaux d'architecture et de sculpture ont été recueillis et attendent, exposés aux intempéries de l'air, que l'administration leur procure des abris. C'est le noyau d'un musée qui s'enrichit continuellement d'objets sortant des fouilles de la ville, et auquel viendront se joindre, rous devons l'espérer, des collections particulières assez importantes.

Des trois colonies romaines, filles de Cirta, *Rusicade*, *Mileu*, *Chullu*, la première seule a pu être exploitée sous le rapport archéologique, par suite de l'établissement de *Philippeville* sur le même point. Comme à Constantine, des pertes irréparables y ont été faites : mais il y reste encore bon nombre d'objets précieux, malheureusement trop négligés. Nous sommes heureux d'apprendre que l'administration locale s'occupe sérieusement des moyens d'en assurer la conservation.

Mileu, aujourd'hui *Mila*, ville Kabyle où la colonisation européenne s'est à peine introduite, présente à la vue quelques monuments épigraphiques, dispersés çà et là dans les murs des maisons. Nul doute que quand on entreprendra des fouilles dans cette localité, il n'en sorte des matériaux précieux pour l'histoire de la domination romaine. Quant à *Collo*, l'antique *Chullu*, c'est une place importante qui n'est pas encore occupée par la population française.

Igigil, le Djidjeli actuel, qui dépend aussi de la circonscription administrative de Constantine, donnait son nom à un district de la Mauritanie. Les monuments antiques qu'on y a trouvés à la surface du sol sont en petit nombre et mal conservés, à cause de la nature friable des pierres du pays : mais nous avons beaucoup d'espoir dans les déblaiements qui seront faits pour la construction d'un nouveau quartier, sur le terrain occupé par les ruines de l'ancienne ville, et nous ferons tous nos efforts pour prévenir, dans cette circonstance, les actes de vandalisme pareils à ceux qui ont eu lieu sur d'autres points, vers les premiers temps de l'occupation française.

Sigus, première station au Sud en partant de Cirta, est un de ces endroits où l'on s'est complu en quelque sorte à détruire ce qu'on y a rencontré de monuments anciens. Mais, à cela près des ruines d'un temple qui ont été exploitées comme carrière, dans l'intérêt des constructions d'un bordj voisin, c'est encore une mine vierge pour les recherches archéologiques.

Les environs de Constantine présentent encore les vestiges d'une foule de villes, de bourgades et de postes romains, à peu près inexplorés, mais auxquels il serait trop long de nous arrêter. Nous laisserons aussi toute la longue série des ruines du Sud-Est, parmi lesquelles il reste à fixer la position de plusieurs stations, telles que *Thigis, Thenebreste, Centenarium, Rubræ, etc.*, nous sauterons jusqu'à l'extrémité du territoire de Constantine, et nous arriverons à *Tebessa*, l'antique *Theveste*, qui fut la capitale du district annexé à la province de Numidie. Là, ce ne sont pas seulement des ruines que nous avons à étudier, ce sont des monuments encore debout, entre autres le bel arc de triomphe dédié à Septime-Sévère et le sanctuaire du temple de Minerve. Sous un immense amas de ruines, s'étend, à quatre mètres de profondeur, la remarquable mosaïque d'une église chrétienne. L'enceinte de la ville n'est qu'un monceau de pierres romaines, qui çà et là percent la masse des masures arabes, sous la forme de pilastres, de colonnes et d'arcades. D'autres édifices en ruines jonchent la campagne environnante. Déjà des recherches ont été exécutées et des résultats précieux obtenus dans cette localité : mais il y reste d'immenses découvertes à faire. Tous les moyens comme aussi toute l'influence de notre Société devront être mis en œuvre pour prévenir le gaspillage d'un trésor aussi précieux.

Les principales villes romaines comprises dans la circonscription militaire de *Bône* sont *Hippo-Regius, Calama, Tagaste, Thacora, Madaurus* et *Tipasa*. Nous passerons sous silence les autres ruines peu importantes ou peu connues.

Bône, que les arabes appellent *Bouna* et *Annâba*, n'occupe pas l'emplacement d'*Hippo-Regius*, où aucune construction française n'a été entreprise malgré sa proximité du port. C'est ce qui explique pourquoi elle est si pauvre en fait d'antiquités. On n'y a rien trouvé qui mérite d'être mentionné ici.

On a été plus heureux à *Calama*, la *Guelma* française. Si

cette ville n'avait pas été rebâtie de nos jours par des constructeurs pleins de dédain pour les objets d'art et pour les reliques du temps passé, elle pourrait être en possession d'un musée intéressant. Une vingtaine de statues, tombeaux, autels avec bas-reliefs et inscriptions, etc., qui ont été ramassés par le génie militaire, attendent qu'on veuille bien les abriter. Cette collection est susceptible de devenir fort riche au moyen des nombreuses ruines qui entourent Guelma, telles que celles d'*Aquæ Thibilitanae*, de *Suthul* et surtout d'*Announa*, où la colonisation aura un nom romain à restituer à la géographie et de véritables richesses archéologiques à protéger.

On place ordinairement *Thagaste,* où naquit St-Augustin, à *Souk-er-Rass,* nouvel établissement français près de la rive gauche de la Medjerda *(Bagradas)*; et cette supposition est basée sur un fragment de pierre portant un nom fruste analogue à celui de Thagaste. Récemment encore on a relevé sur le même terrain une deuxième inscription mentionnant l'ethnique *Thagasius,* qui sans être précisément un dérivé exact du mot *Thagaste,* s'en rapproche assez pour faire croire à l'identité du lieu. La patrie du célèbre évêque vaut bien la peine qu'on étudie soigneusement cette question.

Madaurus, patrie d'Apulée, et dans laquelle avait étudié St-Augustin, se retrouve, d'une manière incontestable, dans *Mdaourouche.* Cette localité fournit déjà un bon nombre d'inscriptions, les unes encastrées dans des pans de murs encore debout, les autres gisantes à la surface du sol.

Tipasa n'est autre que *Tifaiche,* ville située vers les sources de la Seybouse *(Ubus).* Mais l'antique Tifaiche n'a plus à montrer qu'un fort byzantin, posé comme une vedette, à l'entrée du court défilé qui mène à la vallée de la Medjerda et aboutit à une ville dont les ruines bien conservées ont une toute autre importance. Qu'est-ce donc que cette grande cité romaine dont le nom arabe *Khemiça* ne nous dit rien à l'esprit? Ne serait-ce point Tipasa elle-même, comme l'a supposé M. Karth, capitaine du génie, auquel nous devons une remarquable topographie de cette région; et ne faudrait-il pas voir simplement dans Tifaiche une bourgade numide qui formait l'avant-poste de Tipasa contre les gens des hauts plateaux? Ou bien Khemiça serait-elle le Tubursicum Numidorum, près duquel le Bagradas prenait naissance au dire du géographe Honorius? Voilà un intéressant problème à résoudre.

2

Toutefois les deux localités dont nous venons de parler, présentent encore une particularité qui mérite d'être prise en considération.

A Tifaiche, on ne découvre guère d'inscriptions romaines, mais il s'y trouve des tombes ornées de caractères Phéniciens ou Lybiens. A Khemiça, toutes les épitaphes recueillies jusqu'à présent sont latines, mais plusieurs d'entre elles contiennent des prénoms romains associés à des noms qui appartiennent évidemment à une autre race ainsi qu'on en peut juger par la suivante :

POSTVMIA VRBICA *IVBAE* FILIA POSTVMII *IVDCHADIS* VXOR

Du reste, tout le pâté montagneux qui environne la Seybouse paraît avoir été, du temps des Romains, habité principalement par des populations indigènes plus ou moins assimilées à la nation conquérante ; et c'est là surtout qu'on rencontre le plus fréquemment des souvenirs Lybiens.

La vaste subdivision de Batna comprend *Thamugade et Lambèse*, qui suffiraient à elles seules pour en faire l'une des plus riches en antiquités : *Thamugade*, colonie romaine, où subsiste encore un bel arc de triomphe ; *Lambèse*, qui par son importance dans les siècles passés autant que par sa célébrité actuelle, mérite que nous nous y arrêtions un moment.

D'après les inscriptions relevées sur les lieux, les ruines de *Tazzoulet* ou *Tazzoulte (genêt* dans la langue des Chaouïas), sont celles de l'antique *Lambaese*, qui a été pendant trois siècles le lieu de garnison de la IIIe légion Auguste, et la résidence du Légat impérial. Elle s'est élevée au rang de colonie romaine, mais sans doute avec des éléments militaires. Elle comptait une population d'environ 60,000 âmes. Son immense superficie est encombrée d'édifices construits par les légionnaires. Plusieurs de ces monuments sont encore debout comme pour attester sa splendeur passée. Le sol de Lambèse a été remué sur une grande étendue par suite des travaux considérables que le Génie militaire y a exécutés depuis plusieurs années. Quelques transportés y ont entrepris des fouilles dans un but scientifique. De son côté le Gouvernement a donné quelque argent pour la conservation des monuments antiques de Lambèse, ce qu'il n'a fait jusqu'à présent pour aucune autre localité.

Les résultats acquis consistent en :

300 objets d'art, statues, morceaux d'architecture, cippes, etc., rassemblés dans le Pretorium ;

Plusieurs mosaïques entourées et abritées ;

109 pierres épigraphiques encastrées dans les murs des bâtiments nouveaux ;

2,000 inscriptions recueillies à Lambèse et aux environs, savoir : Markouna *(Verecunda)*, Zena *(Diana-Veteranorum)*, Tobna *(Tubuna)*, etc., etc.

Nous terminerons cette esquisse par la subdivision de Sétif, moins riche en souvenirs antiques, et d'ailleurs moins explorée que celle de Batna.

Sétif, bâtie sur les ruines de l'ancienne capitale de la Mauritanie Sitifienne, montre avec orgueil une collection de 143 monuments de toute espèce, qui font l'ornement d'une promenade publique, mais que malheureusement n'épargnent pas les injures de l'air. Peu de jours s'y passent sans que le labeur incessant de notre création n'arrache du sein de la terre quelques reliques du passé. Récemment encore on a eu le bonheur de rencontrer l'épitaphe d'un saint évêque, le contemporain et l'ami de St-Augustin ; près de là se trouvait un autel à Mars, génie de cette colonie fondée par des vétérans.

Après Sétif, la plus importante ville de cette région de la Mauritanie, était *Cuiculum*, aujourd'hui Djemila, dont le bel arc de triomphe avait été jugé digne, par un prince, d'être transporté dans la capitale du monde civilisé. On lit à Djemila de nombreuses inscriptions, mais aucune fouille importante n'y a encore été faite.

Tels sont, en abrégé, dans leurs résultats acquis ou promis à la science, les principaux filons de la mine archéologique que nous ont légué nos devanciers dans cette partie du monde. Qu'on se figure sur une étendue supérieure au quart de la France ces vieilles cités africaines avec la foule des centres secondaires de population, tombés en ruines sur le sol, mais sans autres injures que celles du temps, et l'on aura une idée du vaste trésor de science sur le quel notre Société prend pour tâche de porter ses investigations ou d'exercer son action conservatrice. Puisse-t-elle persévérer dans cette louable entreprise et y obtenir un succès égal à l'importance de son objet.

NOTICE

sur les vestiges de l'occupation romaine dans le cercle de Philippeville.

De tous les points occupés en Algérie par la France, la province de Constantine est celui où la domination romaine a été le plus longtemps et le plus solidement assise, celui où elle a laissé le plus de traces. Chaque jour les mouvements de l'armée et les progrès de la civilisation mettent en relief des vestiges inaperçus jusque là ; mais chaque jour aussi, il faut bien le dire, ils en font disparaître. Si le vandalisme des uns a détruit des inscriptions précieuses, le zèle aveugle et égoïste de certains autres en a également perdu pour la science en les enfouissant dans des collections particulières ignorées, et en annullant, par suite d'un déplacement, la valeur des indications que l'inscription contenait sur l'endroit où elle existait primitivement. C'est donc avec bonheur que, témoin depuis longtemps de ces divers effets, j'ai vu la création de la Société archéologique de Constantine, qui conservera les futures découvertes à la science en les enregistrant dans son bulletin annuel.

Parmi les questions sur lesquelles les travaux de cette Société me semblent appelés à jeter des lumières nouvelles, celles qui se rattachent à la géographie ancienne du pays, sans exiger les mêmes connaissances ni la même sagacité que l'étude des inscriptions par rapport à l'histoire, ont cependant une importance propre et une utilité immédiate ; car elles donnent d'utiles renseignements sur la marche à imprimer à la colonisation, et sur les ressources qu'il est possible de créer dans le pays. Elles offrent aussi un vaste champ de découvertes aux explorateurs ; en effet, ce pays-ci était fort peuplé, et les itinéraires et les autres documents écrits ne contiennent les noms que de la minime partie des villes romaines. Déjà les recherches du savant M. Rénier et de quelques-uns des membres fondateurs de notre Société archéologique ont fait connaître le nom de Verecunda, de Tiddis et d'Uzelis, villes oubliées des anciens géographes et des anciens historiens. Ces découvertes seront évidemment suivies de beaucoup d'autres ; il existe, en effet, une foule de ruines soit de villes, soit de bourgades dont l'ancien nom est encore à déterminer.

Je ne doute pas que si chacun de nous fournissait les renseignements de cette nature qu'il possède, la Société ne réunit une masse de faits beaucoup plus grande que dans tout ce qui a été publié jusqu'à ce jour, et ne jetât une grande lumière sur la géographie ancienne du pays.

Convaincu de l'intérêt et de l'utilité de semblables publications, je prends aujourd'hui l'initiative en offrant à la Société une note sur les vestiges de l'occupation romaine dans le cercle de Philippeville. J'espère que mes collègues voudront bien en rectifier les erreurs et en compléter les lacunes ; j'espère surtout qu'ils voudront bien en publier de semblables en recueillant leurs souvenirs : C'est surtout un appel que j'entends leur faire dans l'intérêt de notre Société et de l'archéologie.

Le cercle de Philippeville occupe un massif montagneux, dernière ramification des montagnes de la Kabylie, qui vient aboutir à la plaine des Sonendja et du lac Fetzara, et dont les sommets s'élèvent de plus en plus vers le Sud jusqu'à ce qu'on atteigne les crêtes déterminées par le Sgao, le Dj. Ouach et le Mtaya. Trois vallées principales portent à la mer les eaux de ce massif : ce sont l'O. Guebli, le Safsaf et l'O. Radjeta ou Fendek. Les parties voisines de la côte n'offrent, les vallées exceptées, que des dunes de sable ou des montagnes abruptes et stériles, couvertes de forêts de chênes-liéges. Les vallées importantes sont belles et fertiles, et les montagnes de la partie méridionale présentent des eaux plus abondantes et de nombreuses plantations d'oliviers. Il suit de cette topographie de la contrée qu'à part les ports de la côte, la population a dû occuper de préférence les vallées et les montagnes méridionales. Tout ce que j'ai vu confirme cette opinion.

Les villes romaines de la côte sont, en allant de l'Ouest à l'Est, Collo, l'ancienne Minervia Chullu, Stora, dont le nom latin resté inconnu pourrait bien être le nom actuel, Philippeville (Veneria Rusicada ou Rusicade), les Guerbès, au-delà du Filfila (Paratianæ des tables de Peutinger ?).

Dans l'intérieur, il existe des ruines romaines assez importantes, dit-on, à Tamalous, dans la vallée de l'O. Guebli ; il s'en trouve plusieurs dans la vallée du Safsaf entre Philippeville et St-Charles ; mais ce sont des maisons isolées, placées, généralement, à l'extrémité d'un contrefort saillant de la montagne, et assez petites. Il est probable qu'il y avait à côté des constructions moins solides ; car dans un mamelon de ruines qu'on a dû déblayer vers 1849 pour y faire passer la route au Sud du village de Damrémont, on a coupé des murs faits en briques de terre crue ; la couleur des briques, formées de la terre rouge de ces contrées, et celle des joints en mortier blanchâtre, ne permettaient aucune méprise sur la nature de cette construction. J'avais, précédemment, observé un fait semblable à Ténès (l'ancienne Cartenna), lors du percement des rues de cette ville, en 1847.

Sur le territoire de Gastonville existaient, jusqu'en 1850, les ruines de deux édifices importants, sur lesquels je reviendrai un peu plus tard.

Sur l'emplacement de Robertville, j'ai vu des ruines assez étendues pour y faire supposer l'existence d'une petite bourgade.

De St-Charles à El-Arrouch on trouve des ruines romaines éparses, mais nulle part d'agglomération importante : Il n'existait aucune ruine sur l'emplacement même d'El-Arrouch situé d'ailleurs en dehors de la voie romaine.

Le cours inférieur de l'Addarats, entre l'O. Deub et Saint-Charles, est renfermé dans un bassin étroit où l'on voit au plus deux ou trois ruines de maisons isolées. Mais les ruines se multiplient au débouché de la vallée de l'O. Deub ; il pouvait y avoir là un petit hameau. Des ruines plus considérables occupent la base d'un contrefort de la rive droite de l'Addarats, entre l'O. Deub et l'O. Hammam. Je n'ai pas examiné en détail ces ruines qui doivent appartenir à une grosse bourgade ou à une petite ville. On y voit, m'a-t-on dit, les restes d'un bassin romain près d'une source qui jaillit au milieu d'un bois d'oliviers couvrant les flancs de la montagne au-dessus des ruines : on y trouve aussi les restes de l'aqueduc qui y amenait les eaux.

Au col de Ras-el-ma, par lequel on débouche du bassin de l'Addarats dans celui du Fendek, j'ai reconnu, en 1849, lors de l'ouverture de la route de St-Charles à Jemmapes, les restes fort mal conservés d'une voie romaine, et les fondations de quelques maisons.

La plaine du Fendek présente çà et là plusieurs ruines. Les plus importantes, désignées sous le nom de Guermoucha, dans la carte de la province de 1847, sont celles d'une petite ville sur l'emplacement de laquelle est bâtie le village actuel d'Ahmed-ben-Ali.

A l'extrémité orientale de la plaine de l'Emchekel, au-delà de celle du Fendek, sur un petit plateau dominant la rive gauche de l'Emchekel, on voit les ruines d'une bourgade désignée par les Arabes sous le nom de Qsar-Mta-el-Arribia.

Enfin, sur la lisière orientale du massif montagneux du cercle de Philippeville existent les ruines de deux villes romaines, désignées par les Arabes sous le nom de Sebargoud et de Ksentina Kedima (Constantine la vieille). On croit que Sebargoud est l'ancienne Nedes. (Nedibus de la table de Peutinger où la plupart des noms sont au datif ou à l'ablatif.)

Tels sont, à ma connaissance, les anciens établissements romains situés dans un rayon rapproché de Philippeville. Je vais donner sur chacun de ceux que j'ai pu voir moi-même tous les renseignements qui me paraissent offrir quelque intérêt.

Stora. — Les citernes de Stora, alimentées par l'O. Cheddi (ruisseau des Singes), dont les eaux tournaient la montagne au moyen d'un tunnel conservé jusqu'à nos jours, trouvé et restauré par le génie militaire, ainsi que la grande voûte située près du débarcadère, sont assez connues pour qu'il soit inutile d'en parler. Les dessins en ont été publiés par M. Delamare dans le travail de la commission scientifique. Ces citernes n'étaient pas la seule construction hydraulique de la localité. Il en existait une autre, dont je dus faire démolir, en 1850, une partie pour y élever le bâtiment destiné aux passagers et colis de l'État. Cette partie se composait de cinq compartiments rectangulaires de 3 m. 80 de largeur sur 4 m. 55 de longueur comptée perpendiculairement à la façade et séparée par des murs de refend de 0 m. 80 d'épaisseur. Quatre de ces compartiments, profonds de 4 m. 80, avaient été évidemment des bassins: le sol en béton, les arrondissements des angles, la nature des enduits ne laissaient aucun doute à cet égard. Ils ne portaient aucune trace qui pût faire supposer l'existence d'une voûte. Ils communiquaient par un orifice d'environ 10 à 15 centimètres de côté, percé dans le mur de façade épais de 0 m. 80, avec une espèce de bassin ou abreuvoir de 0 m. 20 en contrebas et creusé dans une saillie du mur qui régnait tout le long du bâtiment. Ces bassins, de même longueur que le compartiment correspondant, avaient 1 m. de largeur, 0 m. 80 de profondeur et un bord épais de 0 m. 80, et étaient arrondis aux extrémités. Le cinquième compartiment était coupé en deux par une voûte en plein cintre : La partie supérieure présentait une chape horizontale; la cave formée par la voûte, avait une issue sur le quai par une porte large d'environ 1 m. avec arceau en plein cintre, et traversant le mur qui dans cet endroit avait une surépaisseur égale à la saillie qui formait bassin dans les autres compartiments. L'existence de cette porte et celle des avant-bassins ou abreuvoirs démontrent que le niveau de l'ancien quai de Stora était à très peu près le même qu'aujourd'hui. Du côté de la montagne, les bassins s'appuyaient à un mur qui avait au sommet une épaisseur de 4 m. 20. Ce mur présentait contre les bassins une allée de 1 m. 60 de largeur, arasée au même niveau que les murs de refend ; puis venait une retraite de 1 m. 80 de largeur, située à 0 m. 40 en contrehaut de l'allée, et dans laquelle était creusée un canal de 1 m. de largeur sur 0 m. 20 environ de profondeur. Au-delà de ce canal était un mur épais de 0 m. 80 dont je ne puis pas spécifier la hauteur parce qu'il était renversé et brisé sur toute la longueur des fouilles. Des fragments considérables de ce mur étaient tombés dans les bassins. Le canal devait recevoir les eaux de la source située à l'Est de ce bâtiment, et qui alimente aujourd'hui une petite fontaine. Des vannes placées de distance en distance permettaient de remplir à volonté les bassins. D'après l'aspect extérieur les parties de cette construction qui n'ont pas encore été refouillées doivent être identiques à celles qui l'ont été, et l'ensemble de ces bassins occupe un espace de 65 à 70 mètres.

Derrière les parties du mur de soutènement encore debout, on trouva des tombes couvertes de longues pierres plates et renfermant des ossements entiers. Evidemment, elles n'étaient pas romaines. Quoique bien conservées en apparence et enfouies à une très-grande profondeur derrière des constructions romaines, je pense que ces tombes analogues à celles des Arabes d'aujourd'hui, étaient d'une date bien postérieure à la construction de l'édifice, et avaient dû être creusées dans la montagne, en arrière ; qu'elles étaient ensuite descendues avec les terres dans un couloir situé derrière le mur écroulé dont l'épaisseur n'indique pas un mur de revêtement destiné à résister à une forte surcharge ; qu'enfin, elles avaient été recouvertes sur une grande hauteur par des éboulements plus récents. Cette hypothèse n'a rien d'improbable ; car la côte présente en cet endroit des exemples fréquents de glissements.

J'ai cherché souvent les traces d'un port à Stora : rien n'indique que le massif de maçonnerie qui existe auprès du débarcadère ait appartenu à un môle plutôt qu'à un quai ou même à une construction en arrière. Il est tellement informe qu'il est difficile d'en conjecturer la forme primitive. Les blocs de maçonnerie qu'on trouve sur la plage, au-dessous du roc exploité pour le four à chaux, appartiennent évidemment à la chaussée romaine qui contournait le roc dans lequel la mine a frayé le passage de la route actuelle. Les seuls indices que j'aie pu découvrir d'une jetée romaine à Stora sont des restes de béton enclavés dans deux des crevasses du rocher de l'îlot des Singes. Ils semblent indiquer que la base de l'îlot des Singes a été enveloppée de maçonnerie, ce qui a naturellement eu lieu si cet îlot a appartenu à une jetée.

Rusicada ou *Rusicade*. — On écrit généralement *Russicada* ou *Rusicada*, l'ancien nom de Philippeville. Cette ortographe, adoptée sur je ne sais quel fondement, n'est pas en harmonie avec le nom de la table de Peutinger *Rusicade* qui peut être un nominatif ou un ablatif, ni avec les inscriptions. Je citerai entre autres celle-ci qui a déjà été publiée.

GENIO COLONIAE
VENERIAE RVSICADIS
AVG· SACR·
M· AEMILIVS BALLATOR
PRAETER HS· X· M· N· QVÆ IN
OPVS CVLTVM VE THEATR
POSTVLANTE POPVLO DE
DIT STATVAS DVAS GENI
VM PATRIÆ N ET ANNO
NÆ SACRÆ VRBIS SVA

PECVNIA POSVIT AD-
QVARVM DEDICATIO
NEM DIEM LVDORVM
CVM MISSILIBVS EDIDIT
L· D· D· D·

Le génitif *Rusicadis*, donné par cette inscription et, je le
répète, par plusieurs autres, ne peut provenir que d'un nominatif latin tel que Rusicas ou Rusicade. *Rusicas* paraît s'écar-
ter davantage des terminaisons phéniciennes, qui ont dû avoir
la plus grande analogie avec les terminaisons arabes ou hébraï-
ques : J'adopterai donc *Rusicade* dans ce qui va suivre : Je se-
rai fort porté à croire que le nom carthaginois était Rusicad.

Les monuments de Rusicade sont, comme ceux de Stora,
donnés d'une manière très complète dans le travail de la
commission scientifique de l'Algérie. Je me bornerai à faire
observer que l'examen des ruines conduit à faire supposer
l'existence de trois quartiers différents.

Sur le plateau occupé aujourd'hui par l'hôpital militaire et
sur les talus qui en descendent, on trouve, à d'assez grandes
distances, des citernes généralement petites et des fondations
de maisons peu considérables. Là devait se trouver un quartier
de la ville dans lequel rien ne fait supposer des constructions
importantes : Aucune des inscriptions qui y ont été trouvées,
à ma connaissance, ne se rapporte à un citoyen romain.

Le fond de la vallée, la plage et la base orientale du Bouyala
(la montagne à l'Ouest de Philippeville) étaient couvertes d'é-
difices importants. Telles sont les longues arcades qui ont
longtemps servi de murs de quai à la moderne Philippeville,
la fontaine monumentale découverte en 1850, les citernes du
magasin militaire des vivres, les citernes qui servent de soubassement au théâtre moderne. Le sol, généralement très-bas
dans le voisinage de la mer, s'élevait rapidement ensuite :
Ainsi lorsqu'on a fondé le perron du pignon Est du magasin
aux vivres, on a dû chercher le terrain de l'ancienne ville à
plus de 4 m. de profondeur, et on a trouvé, à l'angle Sud-Est
du bâtiment, les premières marches d'un escalier romain qui,
sans doute, appartenait à l'ancienne rue.

Les édifices de cette portion de Rusicade devaient être en-
tourés d'une enceinte flanquée de tours, ou au moins protégés
par une forteresse. Des personnes, qui se trouvaient à l'expé-

dition du maréchal Valée et à la création de Philippeville, m'ont affirmé qu'il existait à cette époque une tour debout, à peu-près sur l'emplacement du point culminant de la rue Royale. On voit encore des restes de murs très-épais dans diverses maisons de la rue des Citernes. L'angle S.-O. de cette enceinte devait tomber sur l'emplacement du bâtiment militaire compris entre la place Bélisaire et les rues du Sphynx et des Citernes. Il y a là un grand pan de mur encore debout, et des fondations dont les formes arrondies paraissent indiquer des tours. L'enceinte se dirige vers la mer ; on en voit les fondations dans les substructions de la maison qui a servi longtemps d'église provisoire. Le pan de mur encore debout est composé d'un massif de maçonnerie de moëllons coupée par des chaînes verticales de pierres de taille et par des assises horizontales en briques, de manière à dessiner une série de carreaux. Il me paraît offrir le caractère des plus anciennes constructions. Si les massifs de maçonnerie dont il s'agit n'ont pas appartenu à une forteresse, ils ne peuvent provenir que de citernes complétement détruites et encore plus gigantesques que celles du Bouyala. La forme et l'épaisseur des murs ne permettent pas d'autres suppositions. Ce ne sont pas du reste ces ruines, mais les citernes sur lesquelles on construit le théâtre moderne, qui ont fait donner à la rue où on les trouve la désignation qu'elle porte aujourd'hui. Les citernes du théâtre paraissent avoir été la substruction du plus important édifice de Rusicade. Les statues et presque tous les fragments de marbre trouvés à Philippeville en proviennent.

La croupe septentrionale du Bouyala était entièrement couverte de maisons : Les citernes s'y rencontrent à chaque pas, et plusieurs sont importantes. Je citerai principalement celle du fort d'Orléans, et celle qui sert de fondations à la porte de Stora. C'est également dans ces parages qu'est située la maison où l'on a trouvé la belle mosaïque à personnages publiée par la commission scientifique. Ce quartier dont une partie des rues est encore dessinée sur le terrain à l'Est du fort d'Orléans paraît avoir été riche et très-populeux. Au Nord, il descendait jusqu'au près du Beni-Melek, comme le prouve une fontaine dont les maçonneries existent encore ; au Sud, il s'étendait au-delà du ravin situé dans le prolongement de la rue des Citernes ; là il existait des fondations de maisons et des citernes de l'autre côté de ce ravin.

Le théâtre romain (désigné sous le nom du Cirque) semble marquer une extrémité de ce quartier, et les arènes étaient certainement tout-à-fait en dehors de la ville : En effet les fouilles exécutées entre ces monuments et les quartiers que je viens de signaler n'ont fait reconnaître que des tombes ou quelques maisons isolées. Telles sont celles auxquelles ont dû appartenir les fondations de la citerne qu'on voit encore auprès du quartier de cavalerie.

Rusicade a dû tirer dans son origine ses eaux du Beni-Melek ; et les citernes ruinées qu'on voit sur le Bouyala près de l'enceinte ont dû précéder la construction des citernes monumentales utilisées aujourd'hui pour l'alimentation de Philippeville. Quand la population et les richesses de la ville eurent augmenté, les eaux du Beni-Melek durent paraître insuffisantes et l'on amena les eaux de l'O.-Rira qui baigne les flancs occidentaux du Filfila. Vers 1842, M. le capitaine du génie Riffault, chargé d'étudier le projet de conduite d'eau de l'O.-Rira, a reconnu sur cette rivière les traces de la prise d'eau romaine : il a vu également des vestiges de cette conduite sur des ruisseaux intermédiaires, notamment, je crois, sur l'O.-Loksob (O. El-Ksob ou El-Kseub). C'est à cette conduite qu'on attribue les deux piliers massifs qui se trouvent à l'Est de Skikida, à l'entrée de la propriété de Marqué. J'ignore si on doit également y attribuer la conduite souterraine qui suit le versant méridional du ravin des arènes et qu'on peut voir en différents endroits, notamment au-dessous de la maison crénelée de Valée ; mais si ma mémoire est fidèle, cette conduite serait bien élevée pour les eaux de l'O.-Rira, et je suis assez porté à croire qu'elle était destinée à apporter dans les citernes de la ville les infiltrations qui, pendant une partie de l'année, s'échappent des flancs du Skikida, notamment au-dessus du cimetière catholique. Cette conduite est couverte par des dalles placées en A absolument comme celles qu'on voit à Stora à côté de la grande voûte située auprès du débarcadère.

Les tombes importantes de Rusicade sont de petits édifices carrés, de 4 à 5 mètres de côté extérieur, couverts par une voûte d'arrête. On en voit plusieurs, entre Philippeville et Stora, au-dessus de la route. Il en existe aussi deux ou trois sur la crête de partage des eaux du Beni-Melek, mamelon Négrier, à l'Ouest de la route de Philippeville à Constantine.

Ruines de Gastonville. — La voie romaine de Rusicade

à Cirta passe dans une vallée située à l'Ouest de Gastonville.
Cette vallée, qui commence au bois d'oliviers et court du Nord
au Sud, débouche dans une vallée plus ouverte que descend la
route de Robertville à Gastonville. Un peu au Nord du point
où la voie romaine rencontre la route de Robertville, on voyait
en 1849 et on voit sans doute encore aujourd'hui les substructions d'un édifice long mais étroit. Elles consistent en plusieurs caves ou citernes situées les unes à la suite des autres et
dont les voûtes s'élèvent au-dessus du sol. On s'est assuré en
1849 et en 1850 que ces ruines étaient situées à l'Est de la
voie romaine légèrement enterrée dans le sol, mais dont on a
pu extraire une grande quantité de pierres pour la construction de Gastonville. On a reconnu également l'existence de
plusieurs pièces non voûtées situées en aval des citernes et
dans leur prolongement. L'une de ces pièces était pavée en
mosaïque. Le dessin représentait une croix noire entourée
d'un cercle noir sur fond blanc. Le tout était entouré d'une
large bande noire rectangulaire. Les branches de la croix
étaient formées par des arcs de cercle tracés de manière à laisser
à peu près autant de noir que de blanc. Je croirais volontiers
d'après ce tracé, que cette croix n'était pas un symbole chré-
tien, mais la simple ornementation du pavé d'une salle de
bains. La mosaïque dont il s'agit a été enlevée et transportée
à Gastonville vers 1850. J'ignore ce qu'elle est devenue.

Sur un mamelon situé à l'Est de la voie romaine, on voyait
aussi les ruines d'un grand édifice en pierres de taille de
bel appareil ; les matériaux de cette construction renversée
jusqu'au niveau du sol ont été employés à Gastonville.

Enfin on a trouvé dans les mêmes parages, mais plus près du
bois d'oliviers, et sur le bord de la voie romaine, quatre colonnes de même dimension, mais de matière différente chacune.
L'une d'elles était en marbre blanc. J'insiste sur ces détails peu
importants en eux-mêmes parce qu'ils peuvent aider à la détermination de la position exacte d'une station romaine *Villa
Sele*. Au surplus, comme la voie romaine était enterrée dans
ces parages, il peut de même y avoir d'autres ruines enfouies
sous le sol.

Ruines de Robertville. — Les ruines que j'ai reconnues,
en 1848, à Robertville, consistaient en fondations d'un groupe
de maisons situées entre le village actuel et le cimetière, et
dans des débris beaucoup plus importants de constructions et

de nombreuses pierres de taille éparses parmi les oliviers qui croissaient au bord de la rivière près de la source. Je ne crois pas qu'il y ait été trouvé d'inscriptions pas plus qu'à Gaston-ville : mais on dégagea du milieu des oliviers qui environnaient la fontaine une large pierre plate, dressée d'un côté, sur lequel était pratiquée une rainure circulaire avec une petite rigole d'écoulement vers un des bords. Une pierre tout à fait sem-blable se trouve enclavée dans le parement extérieur d'une maison de la rue Grand, à Constantine. On suppose qu'elle provient d'un presse à huile.

Le nom de Mjez-Ec-chich n'a aucun rapport avec celui des ruines. Voici l'etymologie qu'en a donnée devant moi le caïd des Beni-Mehenna, Saoudi-ben-Inal. Du temps des beys, les Turcs n'abordaient jamais le massif montagneux situé au Nord de St-Charles, et qui faisait partie de la Kabylie ; mais ils le-vaient l'impôt sur la vaste plaine formée par les affluents de l'O.-Amar. La troupe partie de Constantine allait camper aux Toumiettes ou dans les environs et le lendemain elles poussaient une reconnaissance vers Aïn-Lahora (ou El-Aora) et les autres sources de l'O.-Amar. La halte avait lieu à Robertville où l'on passait à gué le ruisseau assez encaissé dans ces parages; on y distribuait aux soldats le chich, espèce de pâte coupée par petits morceaux et séchée au soleil. De là, le nom de gué du chich (Mjez-ec-chich), donné à l'endroit où avait lieu cette distribution.

Ruines du Fendeck. — La vallée du Fendeck présente, au sortir du pays des Zerdézas, deux vastes épanouissements séparés par une montagne isolée de toutes parts, qu'à cause de cette position, sans doute, les arabes ont nommé Dj.-Ousth, la montagne du milieu. Le premier est la plaine du Fendeck, le second celle de l'Emchekel.

La plaine du Fendeck, d'une superficie d'environ 1,200 hectares et de forme à peu près rectangulaire, est limitée au Sud par les montagnes des Zerdézas dont les plus voisines sont le Saiéfa et le Djenan-el-Ousfan (jardin du nègre) ; au Nord, par le Kef-es-Serrak (rocher des voleurs) ; à l'Est, par le Dj.-Ousth ; enfin, à l'Ouest, par une vallée couverte de chênes-liéges qui s'élève en amphithéâtre jusqu'au col Ras-el-ma. Un soulè-vement qui part du Saiéfa divise cette plaine en deux bassins distincts ; l'un que sillonnent le Fendeck et l'O.-Azerem, l'autre dont les eaux se déversent, par une belle vallée qui sépare le

Dj.-Ousth du Djenan-el-Ousfan, dans l'O.-Adjoul. Le Fendeck
qui débite, à l'étiage, près d'un mètre cube d'eau par seconde au
sortir de la montagne, ne tarit que sur une petite portion de
son cours à travers la plaine et encore pendant fort peu de temps :
L'O.-Azerem (ou Zérem), petite rivière qui naît dans la plaine
du Fendeck, et se jette dans l'O.-Fendeck, après un cours d'un
kilomètre au plus, ne tarit jamais. Tous les affluents de l'O.-
Adjoul tarissent au contraire pendant environ six mois : et
cette dernière rivière n'a d'eau en toute saison qu'au-delà du
Dj.-Oustb. De là, une différence bien sensible dans la fertilité
des deux bassins de la plaine du Fendeck. Cependant, comme
elle est vaste, irrigable en grande partie, elle offrait de grandes
ressources à une population industrieuse. Aussi les ruines y
sont-elles nombreuses. Les plus étendues sont, comme je l'ai
dit plus haut, celles de Guermoucha, qui occupent l'emplacement même du village d'Ahmed-ben-Ali. Les maisons importantes bordaient le sommet d'un talus raide qui descend du
plateau sur la dépression de terrain où l'O.-Azerem prend
naissance. Au centre de la bourgade était une construction
plus considérable que toutes les autres, faite partie en moëllons, partie en pierres de taille, et consistant en des chambres
étroites disposées autour d'une cour intérieure rectangulaire,
à peu près comme dans les maisons mauresques. Cette construction qu'on a démolie en majeure partie lors de la création
du village moderne paraissait rattachée à l'aqueduc qui amenait les eaux du Saiéfa, et dont on voyait les vestiges entre
les ruines et le pied de la montagne. Ces ruines proviennent
d'une bourgade importante ou même d'une petite ville.

Sur les collines de Jemmapes et de Sidi-Mzien on a trouvé
des pierres taillées ; mais elles ne paraissent avoir appartenu
qu'à des tombes. On n'y a trouvé aucune inscription importante. Peut-être y a-t-il eu un édifice sur la colline de Sidi-
Mzien.

Le monument le mieux conservé de la plaine du Fendeck
est un vaste édifice carré en pierres de taille situé sur la rive
gauche du Fendeck, entre le sentier arabe de Philippeville et
l'O.-Boufernana. Les murs s'en élèvent à 5 ou 6 mètres de
hauteur ; en avant, sur les diagonales, à une certaine distance,
on voit les ruines de quatre petites constructions en pierres
de taille. Je n'ai vu que de loin ce monument, et je ne
puis en donner aucun autre détail. Les Arabes le nomment

Ksar-Fendeck (forteresse du marché) et c'est de ce marché que la plaine tire son nom ; mais ce nom n'a aucune valeur dans la bouche d'une population étrangère au pays et qui ne peut avoir conservé aucune tradition. Nous avons trouvé en effet cette plaine habitée par les Arbi-Skikida (natifs de Skikida) fraction des Taabenas qui, chassés, il y a environ un siècle de Rusicade et des environs par les Beni-Mehenna, s'étaient établis dans cette plaine alors déserte.

Ksar Mta-el-Arribia. — A l'extrémité orientale de la plaine de l'Emchekel et sur un petit plateau qui domine la rive gauche de l'Emchekel, dernier gradin des montagnes situées en arrière, on trouve deux massifs informes de béton, hauts de 3 à 4 mètres et auquel les Arabes ont donné le nom de Ksar Mta-el-Arribia. Les alentours de cette ruine et la pente douce qui descend vers la rivière sont couverts de débris et laissent voir d'une manière très-apparente les fondations d'un grand nombre de maisons. Il devait y avoir là une petite bourgade ; mais la pierre est de mauvaise qualité, et les pierres de taille et les inscriptions ont dû disparaître sous l'action dissolvante du temps.

Voie de Rusicada à Cirta. — Les vestiges de cette voie étaient fort visibles au moment de l'expédition de Constantine. M. le commandant du génie Foy employé en 1838 et 1839 avec la compagnie dont il était alors capitaine aux travaux de la route de Constantine à Philippeville a bien voulu me communiquer tous les renseignements que son excellente mémoire lui a permis de conserver sur ce qu'était à cette époque la voie romaine, et c'est à son obligeance que je dois à peu près tout ce que je vais en dire.

Entre Constantine et l'extrémité Nord du Hamma, on ne voyait aucune trace de la route, si ce n'est les culées d'un pont sur le Rummel qu'on voit encore en aval du pont d'Aumale.

Après le Hamma, la voie était très-visible et suivait à peu près le tracé de la route actuelle jusqu'à l'Oued-Hadjar (Hadjera-ben-Hadjar) qu'elle franchissait pour gravir tout droit avec des pentes assez raides le gros contrefort qui sépare ce cours d'eau de l'O.-Baba (Boulasas ou Ben-Kara-Aly des cartes actuelles), autre affluent du Smendou. Auprès de ce contrefort, très près de l'O.-Hadjar, et dans un petit ravin sec, étaient quelques ruines dont on profita pour faire en pierres sèches un ponceau sur ce ravin. L'une des pierres portait une inscription un peu fruste, mais cependant bien lisible et tout entière. Le sens en était : Sous le règne d'Hadrien Trajan les ponts de la route neuve de Rusicade (*pontes viæ novæ Rusicadensis*) ont été construits aux frais de la république de Cirta.

Au sommet de la montée, la voie laissait à gauche un gros village Kabyle qui ne figure plus sur nos cartes actuelles, et dont le nom, oublié par M. le commandant Foy, pourrait bien être *Fetaïa* que porte aujourd'hui une colline voisine. A la descente, on trouvait des ruines peu étendues, mais présentant des pierres de taille fort belles et qui semblaient taillées de la veille. Un peu après on rencontrait l'O.-ben-Kara-Aly, où l'on voyait encore des ruines, mais de constructions plus ordinaires.

Rapportées, d'après ces indications, sur la carte des environs de Constantine publiée. en 1853, par le dépôt de la guerre, ces ruines se trouvent être à environ 18 kilomètres de Constantine.

Après avoir franchi l'O.-ben-Kara-Aly et le pâté élevé qui le sépare du haut Smendou, la voie romaine traversait ce cours d'eau à un kilomètre environ en amont du village de Condé ; puis continuant à cheminer à peu près parallèlement à notre route, elle venait rencontrer l'O.-Beni-Ibrahim à un kilomètre plus bas que le pont actuel.

Du point où elle traversait l'O.-Beni-Ibrahim, la voie se dirigeait obliquement à droite vers la dernière échancrure de ce côté de la crête du Kantours, rencontrant sur son trajet plusieurs ravins dans deux ou trois desquels existaient des ruines de ponceaux. Au sommet de la montagne, une construction dont on ne voyait plus guères que les fondations dominait le col à gauche (environ à 31 ou 32 kilomètres de Constantine).

De ce col, situé à l'Est de celui qui traverse la route actuelle, la voie descendait en ligne droite un peu au Nord de la crête de l'espèce d'isthme qui rattache le Kantours au massif qui s'élève en face. La voie laissait à gauche une roche de grès sur la saillie de laquelle était un petit village assis sur des ruines dont la plus remarquable était un bout de muraille en belles pierres posées par assises réglées, mais dont les lits étaient fortement inclinés. Cette inclinaison peut être attribuée à un mouvement de la roche qui surplombait fortement, et du pied de laquelle jaillissait un filet d'eau au milieu d'un bouquet de hautes broussailles.

Vers l'extrémité Nord de l'isthme, la voie disparaissait sur une longueur de deux à trois cents pas pour reparaître plus bas au milieu des touffes de dis (arundo festucaïdes, Desfontaines) et des broussailles : mais là elle devenait méconnaissable. Plus de traces d'empierrement, et cette route qui jusque là avait marché si fièrement droit au but, dédaignant les vallées, et sans souci des ravins et des pentes, s'assouplissait tout-à-coup, et décrivait une suite de lacets taillés dans le roc et d'une pente raide encore, mais pourtant bien praticable à nos charrois. C'est par là que la première voiture française, la calèche du Maréchal Valée, put descendre du Kantours dans la vallée profonde de l'O.-Saïd (Oued-Enneça ou Ença.)

Du pied des lacets jusqu'aux Toumiet *(les jumelles)*, la voie était pour ainsi dire intacte. Elle suivait la ligne du faîte fortement incliné du contrefort le plus allongé et le plus doux qui la conduisait jusqu'au confluent de l'O.-Saïd avec un gros ravin bordant à l'Ouest la position des Toumiet. Cette position, où fut établi le camp des travailleurs, en septembre 1838, était un petit plateau vert, escarpé au Nord-Ouest, au Sud-Ouest et au Nord-Est, par le ravin dont nous venons de parler et par l'O.-Toumiet. Une pente douce, couverte de broussailles, descendait de la quatrième face à l'O.-Saïd. Il y a eu là une bourgade romaine de quelque importance peut-être par son étendue, mais non par ses édifices et par sa richesse ; au moins n'y voyait-on que peu de pierres de taille et toutes grossièrement taillées. On y a trouvé aussi des conduits en poterie complètement obstrués par des concrétions calcaires.

J'ai mesuré, sur un plan du cadastre, la distance du camp des Toumiet aux ruines de l'O.-Kara-ben-Ali comptée, autant que possible, suivant le tracé indiqué pour la voie romaine : elle est d'environ 16 kilomètres, ce qui place le camp des Toumiet à 34 kilomètres de Constantine.

La voie franchissait l'O.-Saïd un peu au Nord du camp des Toumiet et, de-là, elle cheminait assez directement sur la position d'El-Arrouch. On trouvait, de temps à autre, des ruines d'une médiocre étendue. Au passage d'un ravin, entre les Toumiet et El-Arrouch, il y avait un groupe assez fort de ruines, couronnant un petit plateau qui dominait la route à l'Ouest, et quelques oliviers alignés. Il s'y trouvait quelques inscriptions ; mais je ne puis pas, faute de renseignements suffisants, en arrêter la position.

La voie passait à l'Ouest d'El-Arrouch et allait s'engager dans un pli de terrain situé à l'Ouest de la première ligne de collines qui borde la rive gauche du Safsaf. Elle gagnait le bois d'oliviers qui couvre un plateau situé au Nord-Ouest de Gastonville, franchissait l'O.-Amar, atteignait le contre-fort le plus rapproché du massif montagneux qui sépare les vallées de l'O.-Amar et du Zéramna et suivait la ligne de faîte de ce contre-fort. Arrivée au sommet, elle débouchait dans le bassin de l'O.-Zerga par un col assez élevé, dominé par des collines couvertes d'énormes blocs de pierres et de broussailles, et connu alors sous le nom de col d'Eddis, qu'on donne aujourd'hui au suivant. C'est dans ce col qu'on eut, le 8 ou 9 octobre 1838, un convoi de tirailleurs indigènes enlevé et que, plus tard, on plaça le blok-hauss d'Eddis dont le nom est rappelé sur la carte de 1847, mais appliqué à tort à un autre point, et la redoute de Dir-Ali qu'on éleva, un peu plus tard, sur l'emplacement actuel de Gastonville.

Après avoir contourné le bassin de l'O.-Zerga, près des crêtes, la voie romaine passe dans celui de l'O. Eddis, par un col très ouvert où l'on remarquait les ruines de plusieurs maisons. C'est à ce col, qu'on appelle aujourd'hui col d'Eddis, qu'est établie la maison des cantonniers, et que la route actuelle commence à descendre dans la vallée de l'O.-Zerga. De là à Philippeville, M. le commandant Foy n'a vu que de loin en loin des traces peu apparentes de la voie romaine dans la vallée du Zéramna (alors appelée de l'O.-Louah) ; mais elles étaient fort visibles auprès du mamelon Négrier.

J'ajouterai à ces renseignements que la voie romaine était encore facile à retrouver, en 1848 et 1849, le long de l'O.-Eddis, en amont du principal ravin qui vient s'y jeter sur la rive orientale, et qui servait, à cette époque, de limites à la juridiction civile. Plus rectiligne que la route actuelle, la voie romaine traversait, à l'Ouest de celle-ci, le petit plateau où est située la maison Bouché, coupait ensuite la route qu'elle côtoyait plus haut, sur une grande longueur, et passait sur la rive droite de l'O.-Eddis, qu'elle remontait jusqu'au col.

Dans toutes les parties où j'ai reconnu cette voie, elle était large de 3 à 4 mètres, et formée de très gros cailloux ronds, encaissés entre deux lignes parallèles de pierres de taille. La partie la mieux conservée est située au Nord du bois d'oliviers de Gastonville : on la dirait achevée d'hier. Il y a également à remarquer, dans la vallée de l'O. Amar, un ponceau en pierres de taille de bel appareil, jeté sur un ravin secondaire. Il consiste en deux murs verticaux et une assise de linteaux d'une seule pièce.

Il résulte de cet exposé que le tracé de la voie romaine, plus court que celui de la route actuelle, diffère peu de la première route ouverte par nos troupes, et doit avoir, au plus, une longueur de 80 kilomètres. Or, en voici le détail, donné dans la table de Peutinger.

De Rusicade à Villa Sele	XXX milles romains ou	44	kilom.
De Villa Sele à Palma	XXV	id.	37	id.
De Palma à Cirta	XII	id.	18	id.
Total,	LXVII	id.	99	id.

Il y a donc une erreur de copie dans la table de Peutinger. D'après les détails donnés ci-dessus, les ruines de Palma sont évidemment celles de l'O. ben-Kara-Ali, puisque les distances sont identiques et qu'il n'est pas permis de supposer une étape plus courte; mais la position de Villa Sele n'est pas aussi aisée à déterminer. En effet, le camp des Toumiet est à peu près à 44 kilomètres de Philippeville, et les ruines de Gastonville à 23 ou 24 kilomètres; de sorte qu'on peut adopter pour l'itinéraire corrigé de Peutinger, au moins jusqu'à mesure plus exacte des longueurs comptées sur la voie romaine, les deux leçons suivantes :

I. Les ruines de Villa Sele étant celles des Toumiet.

De Rusicade à Villa Sele	XXX milles romains ou	44	kilom.
De Villa Sele à Palma	XI	id.	16	id.
De Palma à Cirta	XII	id.	18	id.

II. Les ruines de Villa Sele étant à Gastonville.

De Rusicade à Villa Sele	XVI milles romains ou	24	kilom.
De Villa Sele à Palma	XXV	id.	37	id.
De Palma à Cirta	XII	id.	18	id.

Les renseignements que je possède ne sont pas assez précis

pour trancher la question entre les deux itinéraires et paraissent même les rendre également probables : c'est d'après d'autres considérations que je crois le dernier véritable.

D'abord, il est plus facile d'écrire XXX pour XVI que XXV pour XI. La confusion est encore plus facile et plus explicable si la distance de Rusicade a été comptée du point de débarquement, c'est-à-dire, de Stora ; car, alors, au lieu de 23 à 24 kilomètres, il y en a 28 à 29, qui font XIX milles romains, chiffre facile à confondre avec XXX.

Les étapes sont plus égales dans la seconde hypothèse. En vain objecterait-on que la seconde étape devait être plus courte, parce qu'on avait à franchir le Kantours. Cette considération a peu d'importance puisque, dans la première étape, on avait à franchir la montagne d'Eddis, moins élevée certainement que le Kantours, mais présentant cependant une montée fort longue. Cette objection a moins de valeur encore si le point de départ est Stora, au lieu de Philippeville.

Enfin, les ruines de Gastonville ont avec celles de l'O. ben-Kara-Ali une analogie frappante ; c'est celle qui résulte d'une construction en pierres de taille fort belle, construction qu'on ne retrouve en aucun autre endroit. La voie de Rusicade paraît avoir été construite d'une manière plus monumentale que les autres du voisinage. N'y a-t-il pas lieu de supposer que, en la construisant, la commune de Cirta *(Respublica Cirtensium)* ait fait élever des édifices importants, destinés à abriter les troupes aux gîtes d'étape.

Voies de Rusicade à Hyppone et Chullu. La table de Peutinger indique deux itinéraires différents entre Rusicade et Hippone. Je ne connais aucun vestige qui se rapporte au plus septentrional ; mais, en cherchant un tracé de route carrossable entre Philippeville et Jemmapes, plus court que celui qui passe par St-Charles, j'ai reconnu une voie romaine, qui suit la rive gauche de l'O. Deub, en longeant le pied des coteaux, et qui est très-visible sur près d'un kilomètre de longueur. Suivant moi, cette voie devait, après avoir remonté le Safsaf et l'O. Gadi, jusqu'à sa bifurcation, s'engorger dans l'affluent méridional, concédé aujourd'hui à Bou-Afia, et qu'on m'a désigné sous le nom d'O. Djenan-el-aneb. Cette vallée, ouverte d'abord, se rétrécit à l'approche du Kef-es-serrak : mais cependant la rive gauche, aujourd'hui boisée, n'exige pas de grands travaux pour une route qui s'élèverait pour gagner, par un col peu élevé, l'origine de l'O.-Deub. Ce tracé de route me paraît écrit sur le terrain. La voie devait aller, de là, près de l'O.-Hammam; puis au col de Ras-el-ma où, comme je l'ai dit plus haut, on a retrouvé des traces de voie romaine.

Toutes ces traces de voie romaine consistent, dans cette direction, en un radier épais et uniforme, de moëllons de moyenne grosseur. Je n'ai pas vu de pont sur l'Addarats : mais, un peu en amont du point où il reçoit l'O.-Deub, il est traversé par un banc de rochers de grès, dont il se précipite en cascade pendant les fortes eaux. Comme au Mjez-Lechich et à d'autres rivières de la contrée, les eaux passent sous ce banc pendant la sécheresse. Il me paraît probable que, du temps des Romains, ce banc, plus élevé qu'aujourd'hui, devait offrir un gué facile dans une rivière peu considérable et empêcher la construction d'un pont. Cette voie n'a pas, d'ailleurs, le caractère grandiose de la voie de Cirta.

Il est certain que la voie romaine de Rusicade à Stora suivait, à peu près, le même tracé que la route actuelle; les travaux des Romains sont encore visibles en plusieurs endroits et le pont dit El-Kantara n'est qu'un pont romain restauré : mais je n'ai vu aucun indice qui pût faire supposer le prolongement de cette route sur Chullu. Cependant, comme le ravin d'El-Kantara, dont la route actuelle de Collo contourne les crêtes, offre deux ponts, il serait possible que le pont situé le plus près de l'embouchure fût le pont de la voie de Stora, proprement dite, et que l'autre appartînt à une voie qui, dans ce cas, eût remonté la vallée et eût été dirigée sur Collo; mais peut-être aussi, le pont détruit appartient-il à une rectification d'un tracé de route, rectification analogue à celle que le service des Ponts et Chaussées a voulu exécuter, il y a quelques années. Tout cela est fort incertain et difficile à vérifier dans des terrains abruptes, sujets aux glissements.

Je joins, à l'appui de ce mémoire, un fragment de carte, copié sur la carte des environs de Constantine publiée, en 1853, par le Ministère de la guerre, et sur lequel j'ai tracé, aussi exactement que possible, les points signalés dans la note précédente, sur la voie de Rusicade à Cirta.

INSCRIPTIONS DE CONSTANTINE.

On ouvre ici la série des inscriptions romaines provenant de Constantine et de sa banlieue. Dans un premier paragraphe, sont présentées les lectures, accompagnées de dessins, des monuments épigraphiques que le Génie militaire a fait encastrer dans les murs de la nouvelle Casbah de Constantine, et qu'on a jugé nécessaire de publier le plus tôt possible, à cause de l'importance de la plupart d'entre eux et des causes de destruction auxquels ils sont tous exposés. Le paragraphe à la suite, qui ne contient que des textes, se rapporte aux documents de moindre importance, ou dont les originaux ont disparu, ou enfin dont la conservation mieux assurée permet d'en ajourner les dessins à nos publications ultérieures.

§ Iᵉʳ. — Inscriptions de la Casbah.

I.

PVBLIO IVLIO IVNIANO MARTIALIANO CLARISSIMO
[VIRO
CONSVLI QVAESTORI PROVINCIAE ASIAE TRIBVNO
PLEBEI PRAETORI CVRATORI CIVITATIS CA-
LENORVM CVRATORI VIARVM CLODIAE
CASSIAE ET CIMINIAE PRAEFECTO AERARI MILI-
TARIS PROCONSVLI PROVINCIAE MACEDONIAE
LEGATO LEGIONIS TERTIAE AVGVSTAE SEVERIANAE
[ALEXANDRIANAE
PRAESIDI ET PATRONO RESPVBLICA CIRTENSIVM DE-
CRETO ORDINIS DEDIT DEDICAVITQVE·

Cette inscription, qui date du règne d'Alexandre Sévère, c'est-à-dire de l'une des années de 221 à 235, a fait le sujet

d'une intéressante dissertation insérée dans la *Revue Archéologique* (8ᵉ année), à laquelle nous renvoyons le lecteur. On
remarquera que notre dessin rectifie deux légères erreurs, qui
se [sont glissées dans la copie du savant auteur de cet article.

II.

```
LVCIO  MAECILI-
O  PVBLII FILIO QVIRINA NEPO-
TI FLAMINI PERPETVO EQVO PVBLICO
EXORNATO
OMNIBVS HO-
NORIBVS  IN QVATVOR COLONIIS
FVNCTO
PVBLIVS PACONIVS CERI-
ALIS AMICO OPTI-
MO  ET MERENTI SVA PECVNIA POSVIT·
LOCVS DATVS DECRETO DECVRIONVM·
```

Les quatre colonies dont il est question ici sont les *colo-
niæ Cirtenses*, groupe politique composé de *Cirta*, de *Rusicade*, de *Mileu*, de *Chullu*, dont les citoyens étaient généralement inscrits sur les rôles de la tribu Quirina (Voy. V,
XVIII, XXVI et XXXI).

III.

```
MARCO COCVLNIO
SEXTI FILIO QVIRINA
QVINTILLIANO LATO-
CLAVO EXORNATO AB
IMPERATORE CAESARE LVCIO SEPTIMIO
SEVERO PERTINACE AVGVSTO PIO
PARTHICO ARABICO PARTHICO
ADIABENICO QVAESTORI DESIGNATO
POST FLAMONIVM ET HONORES
OMNES QVIBVS IN COLONIA IVLIA
IVVENALI HONORIS ET VIRTVTIS CIRTA
PATRIA SVA FVNCTVS EST
FLORVS LABAEONIS FILIVS
```

**PRINCEPS ET VNDECIMPRIMVS
GENTIS SAROIDVM AMICO MERENTI
DE SVO POSVIT IDEMQVE DEDICAVIT·**

Dans l'état actuel de la pierre, la 3ᵉ lettre de l'ethnique
SAROIDVM peut également être lue R, B ou P.

IV.

**LVCIO IVLIO VICTORI
MODIANO VIRO EGREGIO PROCVRATORI
AVGVSTORVM (trium) NOSTRORVM PER NV-
MIDIAM VICES AGENTI PROCVRATORIS TRAC-
TVS THEVESTINI
FORTVNATVS VINDEX
ET DIOTIMVS AVGVSTORVM (trium)
LIBERTI ADIVTORES TABVLARII
FVSAE AMORE EIVS
SEMPER ET DIGNA-
TIONE PROTECTI·**

Les *trois Augustes* ne sont pas une donnée suffisante pour
déterminer, même d'une manière approximative, la date de ce
monument ; mais il serait naturel de le rapporter soit à l'é-
poque des Sévère qui, étant originaires d'Afrique, devaient y
avoir un patrimoine, soit à celle des Valentinien, qui descendaient d'un comte d'Afrique.

Remarquez l'orthographe de l'adverbe FVSAE.

V.

**PVBLIO PACTVMEIO PVBLII FILIO
QVIRINA CLEMENTI
DECEMVIRVM STLITIBVS IVDICANDIS
QVAESTORI LEGATO ROSIANI GEMINI
SOCERI SVI PROCONSVLIS IN ACHAIA
TRIBVNO PLEBEI FETIALI LEGATO DIVI
HADRIANI ATHENIS THESPIIS
PLATEIS ITEM IN THESSALIA
PRAETORI VRBANO LEGATO
DIVI HADRIANI AD RATIONES**

CIVITATIVM SYRIAE PVTANDAS
LEGATO EIVSDEM IN CILICIA
CONSVLI LEGATO IN CILICIA
IMPERATORIS ANTONINI AVGVSTI LEGATO ROSIANI
GEMINI PROCONSVLIS IN AFRICA
IVRISCONSVLTO
PATRONO QVATVOR COLONIARVM
DECRETO DECVRIONVM· PECVNIA PVBLICA·

Voilà encore nos *quatre colonies* Cirtéennes que mentionne
un document du 2ᵉ siècle.

Le Proconsul d'Afrique, beau-père de Pactumeius, est
sans doute ce *Rosianus Geminus* en faveur de qui Pline le
jeune sollicita les bienfaits de l'empereur Trajan. Un autre
parent de Pactumeius, peut-être son ayeul, fut introduit dans
le Sénat par l'empereur Vespasien (Voyez XXVII et XXVIII).

VI.

GENIO POPVLI
MARCVS ROCCIVS FELIX
MARCI FILIVS QVIRINA EQVO PVBLICO
TRIVMVIR SACERDOS VRBIS FLAMEN DIVI
MARCI ANTONINI STATVAM QVAM
OB HONOREM TRIVMVIRATVS PROMISERAT
EX SESTERTIVM SENIS MILLIBVS NVMMVM SVA PECV-
[NIA
POSVIT AD CVIVS DEDICATIONEM
SPORTVLAS DENARIOS SINGVLOS
SECVNDVM MATRICEM PVBLICAM
CIVIBVS DE SVO DEDIT ITEMQVE
LVDOS SCAENICOS CVM MISSILIBVS
edidit

Inscription très fruste, mais dont la lecture, soigneusement
étudiée, ne laisse aucun doute dans notre esprit.

VII.

POYBLION IOYLION GEMINION
MARKIANON

PRESBEYTÊN SEBAS-
TÔN ANTISTRATÈGON
YPATON Ê BOYLÊ KAI O
DÊMOS ADRANÔN PETRAI-
ÔN MÊTROPOLEÔS TÈS A-
RABIAS DIA KLAYDIOY AINE-
OY PRESBEYTOY EYERGETÊ-
THENTES YP'AYTOY ANETHE-
SAN·
TOPOS EDOTHÊ PSÊPHISMATI BOYLÊS·

Ce document, que les ressources de l'industrie locale n'ont pas permis d'imprimer en caractères grecs, a été plusieurs fois commenté par les savants, ce qui ne l'empêche pas de donner lieu, comme on va le voir, à quelques observations nouvelles.

Les cinq premières lignes se complètent et se lisent sans difficulté, en négligeant, bien entendu, le trait vertical gravé, puis incomplètement effacé, par le lapicide, avant le mot KAI.

A la sixième ligne, le mot traversé par la cassure a, jusqu'à présent, été lu ADRAÊNÔN : c'est une erreur, l'Ê n'y existait point ; il faut lire ADRANÔN. En effet, la cassure n'a pas entièrement détruit la lettre qui précédait la syllabe NÔN, et ce qui en reste est incontestablement le pied du jambage gauche d'un A. D'ailleurs, le nombre des lettres à rétablir peut facilement se déterminer par la méthode suivante. On découpe, suivant les bords de la cassure, un dessin exact des lignes 5, 6 et 7 ; puis, on écarte les deux fragments, de manière à mettre entre eux l'intervalle nécessaire pour la restitution des lignes 5 et 7, qui ne peut présenter aucun doute. Or, en rendant ainsi au mot incomplet de la sixième ligne sa longueur primitive, on trouve que deux lettres seulement peuvent être intercalées dans l'espace libre entre AD et NÔN, et comme, d'ailleurs, la première de ces lettres est bien connue, il en résulte une détermination complète du mot cherché, conformément à notre lecture.

Les épigraphistes n'ont pas été d'accord sur le mot mutilé à la dixième ligne. Doit-on lire YPATOY ou YP'AYTOY ? Question résolue par le fait même, car, en y regardant de près, l'on voit distinctement la branche oblique d'un Y, entre la cassure et le T.

Ils ont aussi varié sur le mot ANETHESAN, mais c'est faute d'avoir aperçu l'initiale de la dernière syllabe, qui est pourtant visible au bord de la cassure.

Les quatre derniers mots du texte, qui nous ont été communiqués par M. le lieutenant Aubin, sont sur une face de la pierre cachée dans la maçonnerie: c'est pour cela qu'ils n'ont pu être représentés sur notre dessin.

Voyez, relativement au même Marcianus, les numéros XV et XXIV.

VIII.

PERPETVAE SECVRITATIS
AC LIBERTATIS AVCTORI
DOMINO NOSTRO
FLAVIO VALERIO
CONSTANTINO
PIO FELICI INVICTO AC SEMPER AVGVSTO
IALLIVS ANTIOCHVS VIR PERFECTISSIMVS PRAESES
PROVINCIAE NVMIDIAE DEVOTVS
NVMINI MAIESTATIQVE EIVS

A l'époque de ce monument, qui ne peut remonter plus haut que l'année 313, pendant laquelle le pouvoir de Constantin fut reconnu en Afrique, les Gouverneurs de la Numidie portaient les titres qu'on vient de lire et qui s'abrégeaient ordinairement, dans les inscriptions, de la manière suivante :

V· P· P· P· N·

Ici, le lapicide, voulant représenter les deux premiers mots par les sigles ordinaires et graver le troisième en toutes lettres, devait écrire :

V· P· PRAESES· · · ·

mais, comme on le voit, il a omis un des deux P, de sorte que, mettant de côté les sigles V· P·, on n'a plus que le mot tronqué :

RAESES·

La pierre présente, et notre dessin reproduit, les traces légères d'un changement essayé pour compléter ce mot ; chan-

gement qui consiste dans la transformation de l'A en R et
dans l'intercalation d'un autre A. Quelle que soit la cause
qui a empêché de mener à fin ce commencement de rectification, il prouve que l'oubli d'une lettre avait été reconnu et,
au surplus, l'usage des ligatures, si fréquent dans les inscriptions romaines, permet, rigoureusement, de considérer le signe R comme ayant la valeur de **PR.**

IX.

```
CAIA CAII FILIA
CALPVRNIA
EXTRICATA FLAM-
INICA PERPETVA EX CONSEN-
SV POPVLI OB MV-
NIFICENTIAM E-
IVS QVOD AERE
CONLATO EXPOS-
TVLAVERVNT
REMISSA CONLA-
TIONE SVA PECVNIA POSVIT DECRETO DECVRIONVM·
```

Les lettres que nous ajoutons au commencement de chaque
ligne sont des restitutions obligées, à l'exception des lignes 1,
3 et 4, où elles ne sont que probables. L'R du cognomen EX-
TRICATA est indiquée par un trait qui se lie à la base de la
lettre suivante.

X.

```
TRIVMPHARORI OMNIVM GENTIVM AC DOMITORI VNIVERSARVM·····
LIBERTATEM TENEBRIS SERVITVTIS OPPRESSAM SVA FELICI VIC-
                                                        [TORIA
LVCE INLVMINAVIT DOMINO NOSTRO FLAVIO VALERIO CONSTANTINO
MAXIMO PIO FELICI INVICTO AVGVSTO
····VA···PROVINCIAE NVMIDIAE NVMINI MAIESTATIQVE EIVS DEVOTA
```

La pierre conservée contient à peine la moitié du texte ci-
dessus; nous devons le reste à **M.** le commandant Foy qui,
ayant participé à la prise de Constantine, s'est trouvé à même
de copier plusieurs documents archéologiques, aujourd'hui
mutilés ou perdus.

Il est à remarquer que la quatrième ligne n'a pas été entièrement remplie. Les traces d'une inscription antérieure se
voient encore dans la partie vide, mais à une hauteur un peu
différente.

XI.

IVLIAE AVGVSTAE
MATRI CASTRORVM
CONIVGI
IMPERATORIS CAESARIS DIVI MARCI
ANTONINI PII GERMANICI SAR-
MATICI FILI DIVI COMMODI FRATRIS
DIVI ANTONINI PII NEPOTIS DIVI HADRIANI
PRONEPOTIS DIVI TRAIANI PARTHICI ABNEPOTIS
DIVI NERVAE ADNEPOTIS LVCII SEPTIMII SEVERI PII
PERTINACIS AVGVSTI PONTIFICIS MAXIMI TRIBVNICIA POTESTATE X
[IMPERATORIS XI CONSVLIS III
PROCONSVLIS PROPAGATORIS IMPERII FORTISSIMI FELICISSIMIQVE
[PRIN-
CIPIS PATRIS PATRIAE MATRI IMPERATORIS CAESARIS LVCII SEP-
· [TIMII SEVERI PII
PERTINACIS AVGVSTI ARABICI ADIABENICI PARTHICI MAXIMI FILI
[DIVI
MARCI ANTONINI PII GERMANICI SARMATICI NEPOTIS DIVI ANTONI-
NI PII PRONEPOTIS DIVI HADRIANI ABNEPOTIS DIVI TRAIANI
PARTHICI ET DIVI NERVAE ADNEPOTIS MARCI AVRELI ANTONINI PII
FELICIS AVGVSTI PONTIFICIS MAXIMI TRIBVNITIA POTESTATE V
[CONSVLIS PRO-
CONSVLIS FORTISSIMI FELICISSIMIQVE PRINCIPIS PATRIS PATRI-
AE ET NOBILISSIMI CAESARIS LVCII SEPTIMII GETAE
PRINCIPIS IVVENTVTIS
RESPVBLICA CIRTENSIVM PECVNIA PVBLICA·

Ce monument a subi trois sortes de mutilations : 1º les lignes 19 et 20, que nous rétablissons dans la lecture ci-dessus,
telles qu'elles devaient être primitivement, ont été martelées
et remplacées par un redoublement d'épithètes adulatrices à
l'adresse de Caracalla, ainsi qu'il fut fait sur tous les monuments où figurait le nom de son frère ; 2º une profonde entaille
a été pratiquée sur l'emplacement des lignes 8, 9 et 10, et les
a fait presque entièrement disparaître ; 3º la pierre a été dimi-
nuée de largeur, ce qui a détruit quelques lettres au commencement des lignes.

Ces dernières lettres se rétablissent sans difficulté, ainsi que
les lignes 8 et 9. Quant à la dixième ligne, le nombre des
puissances tribunitiennes de Septime Sévère, qui y manque,
ainsi que celui de ses victoires, sont des inconnues qu'on ne
peut déterminer au moyen du nombre 3 de ses consulats ; mais
elles résultent de la cinquième puissance tribunitienne de Caracalla, qui correspond à l'année 202, date de ce monument.

XII.

SPELEVM CVM SIG-
NIS ET ORNAMENTIS
PVBLILIVS CEIONIVS
CAECINA ALBINVS· · · ·

Fragment de la dédicace d'un monument élevé au Dieu *Mithra* par un personnage consulaire qui vivait sous Valentinien I, ainsi qu'il résulte de l'inscription suivante, trouvée dans les ruines de *Thamugade* :

PRO·MAGNIFICENTIA·SAECVLI · DD · NN · VALENTINIANI·ET·VALENTIS·SEMPER·
[AVGVSTORVM· *(perpe)*.
TVOR·PORTICVS·CAPITOLI·SERIE·VETVSTATIS· ABSVMPTAS·ET·VSQVE·AD·IMA·
[FVNDAMENTA·C *(um)*
NOVO·OPERE · PERFECTAS·EXORNATASQVE·DEDICAVIT·PVBLILIVS·CAEIONIVS·
[CAECI *(na Albi)*
NVS·VIR·CLARISSIMUS.CONSVLARIS·CVRANTIBVS·AELIO·IVLIANO·ITERVM·REI-
[PVBLICAE *(curatori)*
FL·AQVILINO·FF·PP·ANTONIO·PETRONIANO·FF·PP·ANTONIO·IANVARIANO·FF.PP·

XIII.

AVLVS POMPE-
IVS AVLI FILIVS
QVIRINA
MARITI-
MIANVS ·

(Voyez **XXV**.)

XIV.

EX AVCTORITATE
IMPERATORIS CAESARIS
TRAIANI HADRI-
ANI AVGVSTI PONTES
VIAE NOVAE RVSI-
CADENSIS RESPVBLICA CIR-
TENSIVM SVA PECV-
NIA FECIT SEXTO IVLIO
MAIORE LEGATO AVGVSTI
LEGIONIS III AVGVSTAE PRO PRAETORE·

Pierre trouvée sur la voie romaine de Constantine à Philippeville, non loin du lieu appelé les *Deux-Ponts*. La forme des caractères, qui semble appartenir aux époques de décadence , est remarquable pour un monument du temps d'Hadrien.

XV.

PVBLIO IVLIO PVBLII FILIO QVIRINA
GEMINIO MARCIANO
CONSVLI SODALI TITIO PROCONSVLI PROVIN
CIAE MACEDONIAE LEGATO AVGVSTORVM (duorum) PRO
[PRAETORE
PROVINCIAE ARABIAE LEGATO AVGVSTORVM (duorum) SV
PER VEXILLATIONES IN CAPPA
DOCIA LEGATO AVGVSTI LEGIONIS X GEMINAE
LEGATO PROPRAETORE PROVINCIAE AFRICAE
PRAETORI TRIBVNO PLEBEI QVAESTORI
TRIBVNO LATICLAVIO LEGIONIS X
FRETENSIS ET LEGIONIS IIII SCY
THICAE TRIVMVIRO KAPITALI
OPTIMO CONSTANTISSIMO
· · DVRMIVS FELIX PRIMI
PILARIS LEGIONIS III CYRENEICAE
STRATOR IN ARABIA MAIORIS
TEMPORIS LEGATIONIS EIVS
HONORIS CAVSA·   DECRETO DECVRIONVM·

La pierre de laquelle est tiré ce texte a été rognée dans toute sa hauteur , de manière à enlever quelques lettres du commencement des lignes. Ces lettres se restituent aisément au moyen des autres documents qu'on possède sur le même Marcianus (Voyez VII et XXIV). A la 14e ligne, le nom incomplet est probablement DVRMIVS (Orelli, 3128); mais la lettre D ne suffit pas pour remplir le vide, et peut-être y avait-il, en outre, l'initiale d'un prénom.

XVI.

DIVO COMMODO
DIVI MARCI ANTONINI PII
GERMANICI SARMATICI
    FILIO FRATRI
IMPERATORIS CAESARIS LVCII SEP
TIMI SEVERI PII PERTINACIS
AVGVSTI ARABICI ADIABENICI PARTHICI
PROPAGATORIS IMPERII
PONTIFICIS MAXIMI TRIBVNITIA POTESTATE V
IMPERATORIS X CONSVLIS II PROCONSVLIS PATRIS PA
[TRIAE ET

MARCI AVRELI ANTONINI CAESARIS
IMPERATORIS DESTINATI · · · MARCIVS
VERVS STATVAM QVAM IN
AEDILITATE SVA POLLICITVS
EST CVM EDITIONE LVDORVM ·
LVCIVS IVLIVS MARTIALIS
NEPOS ET
MARCVS SEMPRONIVS RVSTICINVS
HEREDES POSVERVNT ·
LOCVS DATVS DECRETO DECVRIONVM ·

Un profond martelage ayant complètement détruit la dernière moitié de chacune des onze premières lignes, nous les
avons rétablies d'une manière qui doit paraître très-probable,
sinon absolument certaine. Les données de l'histoire, toutes
vagues qu'elles sont, ne laissent, notamment, aucun doute
sur la correspondance de la cinquième puissance tribunitienne
de Septime Sévère et le titre d'*Imperator destinatus*, attri-
-bué à Caracalla. Le prénom de Marcius est donc réellement
la seule inconnue de cette inscription.

XVII.

ATQVE PER OMNIA SAECVLA CE-
LEBRANDO GRATIANO PATRI
DOMINORVM PRINCIPVMQVE NOSTRORVM
VALENTINIANI ET VALENTIS NO-
BILIVM AC TRIVMFATORVM SEMPER AV-
GVSTORVM IVXTA C···
STATVAM DEDICAVIT····
DRACONTIVS VIR CLARISSIMVS VICARIVS PRAEFECTI
[PRAETORIO
PER AFRICANAS PROVINCIAS
CVRANTE VALERIO
VIRO EGREGIO SACERDOTALE

Fragment déjà publié avec quelques autres lettres qui
n'existent plus sur la pierre. Les restitutions que nous avons
hasardées s'appuient sur les motifs suivants :

Dracontius fut en possession du vicariat d'Afrique de 364
à 367, c'est-à-dire, dans les premières années du règne de
Valentinien et de Valens. La statue dont il est question ne
peut avoir été élevée qu'à Gratien, ex-comte d'Afrique, et
père de ces princes, car l'empereur Gratien, fils du premier,
n'était alors qu'un enfant en bas âge. On sait d'ailleurs que

le Sénat de Constantinople décerna une statue au comte Gra‑
tien, en 364, lorsque ses fils furent élevés à l'empire ; le même
honneur dut lui être rendu dans les principales villes des deux
empires et cette date est sans doute aussi celle de notre mo‑
nument.

XVIII.

TITO CAESERNIO····FILIO PALATINA STATIO
QVINTIO STATIANO MEMMIO MA‑
CRINO CONSVLI SODALI AVGVSTALI LEGATO PROPRAETO‑
                                                    [RE
PROVINCIAE AFRICAE LEGATO LEGIONIS XIIII GEMINAE
                          [MARTIAE VICTRICIS
MISSO AD DILECTVM IVNIORVM A DIVO
HADRIANO IN REGIONEM TRASPADA‑
NAM TRIBVNO PLEBEI QVAESTORI CANDIDATO DIVI HA‑
                                  [DRIANI
COMITI EIVSDEM·······QVINDECIMVIRVM STLITIBVS
              IVDICANDIS
              PATRONO QVATVOR COLONIARVM
DECRETO DECVRIONVM·   PECVNIA PVBLICA.

Quoique fort mutilée, cette inscription se complète sans in‑
certitude en ce qui concerne ses sept premières lignes, sauf le
prænomen du père de Cæsernius que rien n'aide à déterminer.

Le milieu de la huitième ligne ne présente que des traits in‑
déchiffrables , à moins qu'on n'y voie, en les complétant, l'a‑
bréviation de ces mots : BELLO IN MOESIA INFERIORE.

QVINDECIMVIRVM STLITIBVS IVDICANDIS est certai‑
nement une erreur du lapicide ; car les *quindecemvirs* étaient
d'ordre religieux (SACRIS FACIVNDIS) et les magistrats d'or‑
dre judiciaire, des *décemvirs*. Il fallait probablement DECEM‑
VIRVM, de même qu'au numéro V, d'après lequel nous ad‑
mettons que Cæsernius était comme Pactumeius, patron des
quatre colonies ; ce que veut d'ailleurs l'étendue de la lacune
à remplir dans la dernière ligne du dessin.

XIX.

LVCIO DOMITIO LVCII FILIO
TIRONI AVGVRI
DVOMVIRO VICENSVMARIO

HERES CVRAVIT ·

Variante de la quatrième ligne : **HIC CONDITO.**

XX.

SEIAE CONCO-
RDIAE VICTO-
RICVS MARITE FE-
CIT·

Marite pour *maritae*, forme très-fréquente dans les inscriptions.

XXI.

DIIS MANIBVS
NVMISIA M-
ARIA VIXIT ANNIS
XLVII HIC SITA·
LVCIVS SODALIS
MARITE DIG-
NE·

XXII.

CASTORI AVGVSTO SACRVM
LVCIVS CALPVRNIVS LVCII FILIVS QVIRINA
SVCESSIANVS CVRATOR
DENDROPHORVM VOTVM SOLVIT
LIBENS ANIMO·

Nous devons à **M.** le commandant du Génie Foy la copie de la première ligne, qui a été détruite.

XXIII.

DIIS MANIBVS
ALEIAE
FAVSTIL-
LAE QV-
AE VIXIT ANNIS C·

§ 9. — Inscriptions diverses.

XXIV.

POYBLIÔ IOYLIÔI GEMI-
NIÔI MARKIANÔ
PRESBEYTÊ SE-
BASTÓN ANTISTRA-
TÊGÔ YPATÔ ADRA-
ÊNÔN POLIS Ê
TÊS ARABIAS DIA
DAMASEOY SKO-
AIPHOY PRESBEY-
TÊ ADRAÊNÔN E-
PARCHEIAS ARABIAS ·
TRANSLATA AB VRBE SECVN-
DVM VOLVNTATEM MARCIA-
NI TESTAMENTO SIGNIFICATAM·
DECRETO DECVRIONVM·

Voyez la planche XV, où se trouve le dessin exact de cette inscription dont la pierre fait aujourd'hui partie d'un jambage de la porte el-Djabia.

XXV.

A· POMPEIO
A· FIL· QVIR· MA
RITIMIANO·
L· NAEVIVS· LI
BO· PATRVVS·

Aulo Pompeio Auli filio Quirina Maritimiano Lucius Naevius Libo Patruus.

Dans un pied-droit de la porte el-Djabia, au-dessus de la précédente.

XXVI.

CONCORDIAE
COLONIARVM

CIRTENSIVM
 SACRVM·
C· IVLIVS C· FIL· QVIR·
BARBARVS QVAEST·
AED· STATVAM QVAM
OB HONOREM
AEDILITATIS POLLI-
CITVS EST SVA PECV
NIA POSVIT
L· D·   D· D·

Concordiae coloniarum Cirtensium sacrum. Caius Julius Caii filius Quirina Barbarus quaestor aedilis statuam quam ob honorem aedilitatis pollicitus est sua pecunia posuit. Locus datus decreto decurionum.

Dans un mur de la grande mosquée.

XXVII.

Q· AVR·····
PACTVM·····
QVIR· CLEM····
IN SENATV IN·····
PRAETORIO····
ALLECTO····
IMP· VESP····

Quinto Aurelio Pactumeio Quirina Clementi in Senatu inter prætorios allecto ab Imperatore Vespasiano.

Fragment de tombeau en marbre, déposé au musée de Constantine.

XXVIII.

····CILICIA······
····N CILICIA····
····EG ROSIAN
·······VLTO
··ELIX· S· P·

....Cilicia....... in Cilicia..... legato Rosiani Gemini..... iurisconsulto..... Felix sua pecunia posuit.

Fragment d'un monument élevé à P. Pactumeius Clemens, appartenant au musée de Constantine. On y reconnaît quelques-unes des indications du numéro V.

XXIX.

. . . .
. . . .
FELICI AVG· PONTIFICI
MAXIMO GERMANICO
MAXIMO TRIBVNICIAE PO
TESTATIS BIS CONSVLI PAT
RI PATRIAE CONSVLI PROCON
SVLI M AVRELIVS DECIMVS
V P P P N EX PRINCIPE PEREGRI
NOR DEVOT NVMINI MAIESTATIQEORVM·

Imperatori Caesari Marco Aurelio Karino Invicto Pio Felici Augusto Pontifici maximo Germanico maximo tribuniciae potestatis bis consuli patri patriae consuli proconsuli Marcus Aurelius Decimus vir perfectissimus praeses provinciae Numidiae ex principe peregrinorum devotus numini majestatique eorum.

Autrefois dans le rempart près de la porte el-Djabia, maintenant au musée.

Les deux lignes martelées ont laissé des traces suffisantes pour qu'aucun doute ne soit permis sur l'exactitude de leur restitution.

La répétition du mot *consuli* est singulière. Tiendrait-elle à ce que l'an **283**, que nous regardons comme étant la date de ce monument, Karinus était en même temps consul en exercice et consul désigné pour l'année suivante ?

EORVM est une autre singularité après un seul nom d'Empereur, mais on comprend que ce mot s'applique aux deux Empereurs régnants. Les exemples semblables ne sont pas rares dans la dernière moitié du troisième siècle. En voici un de l'an **255**, sur lequel le précédent semble être calqué :

IMP· CAES· P· LI
CINIO GALLIE
NO INVICTO

PIO FELICI AVG·
PONT· MAXIMO
GER· MAX· TRIB·
POT· III COS····
P· P· PROCONSVLI
RESP· COL· THA
MVG· DEVOTA
NVMINI MA
IESTATIQ· EO
RVM·

Ce dernier document fait partie de la collection de Lambèse.

XXX.

IMP CAESAR·
M AVRELIVS SEVE
RVS ANTONINVS
PIVS FELIX AVG PAR
THICVS MAX BRITAN
NICVS MAX GERMANI
CVS MAX PONTIF MAX
TRIB POTEST XIX IMP IIII
COS IIII PROCOS MAXI
MVS INVICTISSIMVS SANC
TISSIMVS FORTISSIMVS FE
LICISSIMVS ET SVPER OM
NES PRINCIPES INDVLGEN
TISSIMVS DIVI SEPTIMI
SEVERI PII AVG FILIVS
V·

Imperator Caesar Marcus Aurelius Severus Antoninus Pius Felix Augustus Parthicus maximus Britannicus maximus Germanicus maximus Pontifex maximus tribunitia potestate XIX Imperator IIII Consul IIII Proconsul maximus invictissimus sanctissimus fortissimus felicissimus et super omnes principes indulgentissimus divi Septimi Severi Pii Augusti filius. (Millia passuum) V.

Colonne milliaire de l'an 216, trouvée aux environs de Constantine et déposée dans le palais du Bey.

XXXI.

```
M······ AECILIVS  Q· FIL· QVIR· · · · · · · ·
AED· III VIR QVAESTOR  Q Q· PRA· · · · · ·
MILEVITANAE ET RVSICADEN · · · · · · ·
CHVLLITANAE PRAETER II-S LX NQ · · · ·
HONOREM AEDILITATIS ET IIIVIRATV · · ·
REIP· INTVLIT ET STATVAM AEREAM SECV · · · ·
SAECVLI ET AEDICVLAM TETRASTILAM CVM · · · ·
REA INDVLGENTIAE DOMINI NOSTRI QVAS I · · · ·
AEDILITATIS ET IIIVIRATVS POSVIT ET LVDOS · ·
DIEBVS SEPTEM QVOS CVM MISSILIBVS PER II · · ·
ARCVM TRIVMPHALEM CVM STATVA AEREA · · · ·
ANTONINI AVG QVEM OB HONOREM Q· · · ‘ · · · ·
TATIS POLLICITVS EST EODEM ANNO · · · · · · · · ·
           EXTRVXIT ·
```

Fragment appartenant au musée de Constantine.

Dans les colonies Cirtéennes, la somme due à la république *(summa honoraria, legitima)* par les magistrats nouvellement élus, était invariablement fixée à 20,000 sesterces pour chacune des fonctions de l'ordre administratif : Edilité, Triumvirat, Quinquennalité. Ce principe ressort aussi bien des inscriptions de Rusicade que de celles de Cirta, et nous ne doutons pas qu'on ne le trouve également formulé sur les monuments de Mileu et de Chullu, lorsque l'occupation de ces antiques cités permettra d'en mettre à découvert les richesses archéologiques ; car les *quatre colonies*, pendant un laps de temps, ne formèrent qu'une seule et même famille administrative.

Or, le curieux document qu'on vient de lire accuse un versement de 60000 sesterces, et il ne relate que deux magistratures, l'édilité et le triumvirat. C'est que la troisième magistrature, la quinquennalité, a disparu, comme on va le voir avec le fragment de pierre qui nous manque. Grâce à notre ami **M.** le commandant de Lamarre le dessin de ce fragment existe et il nous fournit les fins de lignes suivantes :

```
· · · · · TALIS
· · · · · · COL
· · · · · S ET
· · · · VAE OB
· · · · · · T Q Q
· · · · · · · TATIS
· · · TATVA AE
```

```
. . . . . HONORE
. . . . . AENICOS
. . . . OL  EDIDIT
. VTIS DOMINI Ñ
. . . . . QENNALI
. . . . . . ECVNIA
```

Ces indications se trouvent pleinement confirmées par la
copie que nous allons rapporter de la partie lisible d'un autre
exemplaire, très fruste, de la même inscription, lequel a été
placé dans le soubassement de la maison bâtie par M. l'abbé
Parabère, rue Damrémont :

```
M· CAECILIVS  Q. FIL· QVIRINA
. . . . . AED III VIR QVAESTOR Q Q
. . . . . AEF COLONIARVM MILEVITA-
NAE, ET RVSICADENSIS ET CHVLLITANAE
PRAETER II-S LX N QVAE OB HONOREM
AED ET III VIRATVS ET QQ REIPINTVLIT
ET STATVAM AEREAM SECVRITATIS SAECVLI ET
AEDICVLAM TETRASTILAM CVM STATVA AEREA IN
DVLGENTIAE DOMINI NOSTRI QVAS IN HONORE AEDI
LITATIS ET III VIRATVS POSVIT ET LVDOS SCAENICOS DIEBVS
                                                      [SEP
. . . . . . . . . . . . . . . . . . . . . . . . . . . . . . . . . .
. . . . . . . . . . . . . . . . . . . . . . . . . . . EA VIRTVTIS
. . . . . . . . . . . . . . . . . . . . . . . . . . . . HONOREM
. . . . . . . . . . . . . . . . . . . . . . TVS EST EODEM ANNO
              SVA PECVNIA EXTRVXIT.
```

Notre inscription complétée doit donc se lire ainsi :

*Marcus Caecilius Quinti filius Quirina Fatalis aedilis
triumvir quaestor quinquennalis praefectus coloniarum
Milevitanae et Rusicadensis et Chullitanae praeter sestertium sexagena millia nummum quae ob honorem aedilitatis et triumviratus et quinquennalitatis reipublicae intulit
et statuam aeream securitatis saeculi et aediculam tetra-
stilam cum statua aerea indulgentiae Domini nostri quas
in honore aedilitatis et triumviratus posuit et ludos
scaenicos diebus septem quos cum missilibus per tres co-
lonias edidit arcum triumphalem cum statua aerea vir-
tutis Domini nostri Antonini Augusti quem ob honorem
quinquennalitatis pollicitus est eodem anno sua pecunia
extruxit.*

Elle présente encore deux points un peu douteux : 1° le
cognomen de Cæcilius, dont il n'existe plus que les deux der-

— 58 —

nières syllabes, pouvant aussi se rapporter à *Vitalis*; 2º le
nombre des colonies dans lesquelles ont eu lieu les représen-
tations théâtrales, nombre qui était soit celui des colonies Cirtéennes, c'est-à-dire quatre, soit, comme nous l'avons admis
de préférence, celui des colonies mentionnées sur le monument
et dans lesquelles Cæcilius remplissait des fonctions spéciales,
probablement judiciaires.

XXXII.

DIVO PERTINACI
 AVG· PATRI
L. SCANTIVS L· FIL· QVIR
IVLIANVS EQ· PVB·
EXORNATVS STATVAM
QVAM PROMISIT
EX REDITIBVS LO
CORVM AMPITHE
ATRI DIEI MVNERIS
QVEM DE LIBERA
LITATE SVA OB HO
NOREM IIIVIRA
TVS EDIDIT DEDIT ·

*Divo Pertinaci Augusti patri Lucius Scantius Lucii filius
Quirina Julianus equo publico exornatus statuam quam promisit ex reditibus locorum ampitheatri* (sic) *diei muneris
quem de liberalitate sua ob honorem triumviratus edidit dedit.*

Musée de Constantine.

XXXIII.

GENIO POPVLI
. . . .
. . . .
C. PONTIVS T. FILI
VS QVIR· SATVR
NINVS STATVAM
· VAM OB HONOREM
· EDILITATIS PROMI
· · T SVA PECVNIA POSVIT
· D CVIVS DEDICATIO
· EM LVDOS ETIAM SCAE

· ICOS CVM MISSILIBVS
· DIDIT L D   D D

*Genio Populi (aeterni invicti felicissimi) Caius Pontius Titi
filius Quirina Saturninus statuam quam ob honorem aedilitatis
promisit sua pecunia posuit ad cujus dedicationem ludos etiam
scaenicos cum missilibus edidit. Locus datus decreto decurionum.*

Musée de Constantine.

Quoique tout à fait illisibles au premier aspect, les deux
lignes martelées nous ont paru, après un long examen, se
composer de trois mots dont le dernier est certainement
FELICISSIMI et le premier probablement AETERNI.

XXXIV.

NAEVIAE
NAEVILLAE
C· M· F· NAEVI· CEN
SITI· FIL· NVPTAE
FVLVIO· FAVSTI
NO· PRAETORIO
VIRO· SEIA· GAE
TVLA · MATER
D· D· S· P· P·

*Naeviae Naevillae clarissimae memoriae feminae Naeviae
Censiti filiae nuptae Fulvio Faustino praetorio viro Seia Gae-
tula mater decreto decurionum sua pecunia posuit.*

Musée de Constantine.

XXXV.

L · IVLIVS
EPISVCVS
V · A · XI

D · M
L · IVLIVS
KANIDIVS
V · A · LXXX
QVI VERE
VICSIT
O T B Q

D   M
SITTIAE SPEM
QVISQVIS A
MAT CONIVNX
HOC EXSEMPLO CON
IVNGAT AMORE
EST AVTEM VITAE DVLCE
SOLACIOLVM HAEC
ABIT AD SVPEROS CVM
FILIO EPISVCO CARISSI
MO NOSTRO VIXIT
A LVII H S

Lucius Julius Episucus vixit annis XI.

Diis Manibus. Lucius Julius Kanidius vixit annis LXXX qui vere vicsit. Ossa tua bene quiescant.

Diis Manibus Sittiæ. Spem quisquis amat conjunx hoc exsemplo conjungat amore, est autem vitae dulce solaciolum : haec abit ad superos cum filio Episuco carissimo nostro. Vixit annis LVII. Hic sita.

Trois inscriptions sur une même pierre, du Musée de Constantine.

XXXVI.

D· M·
C· IVLIVS· FA
TALIS· V· A·
LXXXX· O· T· B· Q·

Diis Manibus. Caius Julius Fatalis vixit annis LXXXX. Ossa etc.

Musée de Constantine.

XXXVII.

CREPTAL
VSA VIX
A CXX

Creptalusa vixit annis CXX.

Musée de Constantine.

XXXVIII.

D· M·
APRONIA
CRESIME
V· A· XXXV·
H· S· E·

Diis Manibus. Apronia Cresime vixit annis XXXV. Hic sita est.

Musée de Constantine.

XXXIX.

```
   D.      M·
PVBLICIO BARBA
 RO· FVSCAE· FILIO
 VIX· ANN · ·
 MEN · · · · · · ·
```

Diis Manibus. Publicio Barbaro Fuscae filio. Vixit annis... mensibus.....

Musée de Constantine.

XL.

```
IMP· CAESAR
DIVI MAGNI
ANTONINI PII
FILIVS DIVI SEVE
 · · PII NEPOS
 M· AVRELIVS
 · · · · PIVS FELIX
AVG· PONTIF· MAX·
TRIB· POTES III COS III
DESIGNATVS IIII PROCOS
 FELICISSIMVS AC
INVICTISSIMVS SVPER
 OMNES PRINCIPES
INDVLGENTISSIMVS
VIAM IMBRIBVS ET
VETVSTATE CONLAPS
AM CVM PONTIBVS
RESTITVIT·
```

Imperator Caesar divi Magni Antonini Pii filius divi Severi Pii nepos Marcus Aurelius Antoninus Pius Felix Augustus Pontifex maximus Tribu. itia potestate III Consul III designatus IIII Proconsul felicissimus ac invictissimus super omnes principes indulgentissimus viam imbribus et vetustate conlapsam cum pontibus restituit.

Inscription d'une colonne milliaire de l'an 220, recueillie par M. le commandant Foy. Il n'en reste plus qu'un fragment qui appartient au **musée de Constantine.**

XLI.

M· AVRELIO ANTO
NINO CAES IMP DES
  TINATO FILIO
· · MP CAES DIVI M ANTONI
· · I PII GERMANICI SARMAT
· · · FIL DIVI COMMODI FRATRI··
· · · VI ANTONINI PII NEP DIVI
· · · · DRIANI PRONEP DIVI TRA
· · · · NI PARTHICI ABNEP DIVI
  NERVAE ADNEPOTIS
L. SEPTIMI SEVERI PII PERTIN · ·
CIS AVG PARTHICI ARABICI
PARTHICI ADIABENICI PRO
PAGATORIS IMPERII PONTIF
MAX · · IB POT· V· IMP· VIII
COS · · · · OCOS FORTISSIMI
· · · · · · TISSIMI PRINCIPIS
· · · · · · · SIGVITANORVM·

Marco Aurelio Antonino Caesari Imperatori destinato filio Imperatoris Caesaris divi Marci Antonini Pii Germanici Sarmatici filii divi Commodi fratris divi Antonini Pii nepotis divi Hadriani pronepotis divi Trajani Parthici abnepotis divi Nervae adnepotis Lucii Septimii Severi Pii Pertinacis Augusti Parthici Arabici Parthici Adiabenici propagatoris imperii Pontificis maximi Tribunitia potestate V Imperatoris VIII Consulis II Proconsulis fortissimi invictissimi principis respublica Siguitanorum.

Fragments épars d'un monument de l'an 197, découverts par M. le commandant Foy.

La ville, ou plutôt le *pagus* des *Siguitani, Sigus,* est ce grand amas de ruines qu'on rencontre une demi-heure avant le bordj de Ben-Zekri, en allant de Constantine à la Beïra-Touïla, par la vallée du Bou Merzoug.

XLII.

PERPETVAE VICTORIAE
· DDD NNNN CONSTANTINI
MAXIMI TRIVMPHATORIS
SEMPER AVG ET CONSTANTI · ·
ET CONSTANTI · ET
CONSTANTIS NOBILISSI
MORVM AC FLORENTISSI

MORVM CAESARVM
ODIVS CELSINVS V C CONS
P N DEVOTVS SEMPER
NVMINI MAIESTATI
QVE EORVM ·

*Perpetuae victoriae dominorum (quatuor) nostrorum Cons-
tantini maximi triumphatoris semper Augusti et Constantini et
Constantii et Constantis nobilissimorum ac florentissimorum
Caesarum Odius Celsinus vir clarissimus consularis praeses
Numidiae devotus numini majestatique eorum.*

Communiqué par M. le commandant Foy.

XLIII.

. . . . . · . . . .

TEMPLVM DEDIC
L· VENVLEIO APRO
NIANO IĪ L· SERGIO
PAVLO ´IĪ COSS
V· K· MART· QVI DI
ES POST BIS V̄Ī K FVIT

. . . .

*· · · Templum dedicavit Lucio Venuleio Aproniano iterum
Lucio Sergio Paulo iterum consulibus quinto Kalendas Martias
qui dies post bissenas Kalendas fuit.*

**Trouvé dans l'ancienne casbah et communiqué par M. le
commandant Foy.**

**Apronianus et Paulus furent consuls pour la seconde fois
sous le règne de Marc-Aurèle, en 168.**

XLIV.

· · · · · NAE REDVCI
AVG· SACRVM
PRO SALVTE ET FELICISSIMO REDITV
IMP· CAESARIS L· SEPTIMI SEVERI PII PERTINA
CIS AVGVSTI ARABICI ADIABENICI
PARTHICI MAXIMI FORTISSIMI FELI
CISSIMIQVE P P ET IMP· CAESARIS
M· AVRELII ANTONINI PII FELICIS

AVGVSTI *FORTISSIMI ET SVPER OM*
NES PRINCIPES INDVLGENTISSIM-
FIL *AVG· NOSTRI* ET IVLIAE AVGVS
TE MATRIS AVGVST *NOSTRI* ET CAS
TRORVM TOTIVSQVE DOMVS DIVINA · ·
EORVM C SITTIVS Q FILI QVIRINA
FLAVIANVS AEDILIS IIIVIR PREFEC
TVS COLONIARVM OB HONO
REM IIIVIRATVS DEDIT DEDICAVITQVE
REPRESENTATIS ETIAM SVO QVOQVE
TEMPORE VTRIVSQVE HONORIS R P HO
NERARIS SVMMIS H-S VICENVM MILL
IVM NVMMVM ET OB DEDICATONEM
TANTI NVMINIS LVDOS QVOQVE SCE
NICOS POPVLO AEDIDIT
D D S P P

Fortunae Reduci Augustae sacrum pro salute et felicissimo reditu
Imperatoris Caesaris Lucii **Septimi** **Severi** *Pii Pertinacis Augusti*
Arabici Adiabenici Parthivi maximi fortissimi felicissimique patris
patriae et Imperatoris Caesaris Marci Aurelii Antonini Pii Felicis
Augusti et Publii Septimi Getae Pii Felicis Augusti Caesaris nobilis-
simi filiorum Augusti nostri et **Juliae Auguste** *(sic) matris Augusto-*
rum nostrorum et castrorum totiusque domus divinae eorum Caius
Sittius Quinti filius Quirina Flavianus aedilis triumvir prefectus (sic)
coloniarum ob honorem triumviratus dedit dedicavitque represen
tatis (sic) etiam suo quoque tempore utriusque honoris reipublicae ho-
neraris (sic) summis sestertium vicenum millium nummum et ob
dedicationem tanti numinis ludos quoque scenicos populo aedidit (sic)
de decurionum sententia pecunia propria.

Nous avons indiqué dans la copie, en lettres inclinées, les
parties des lignes 9, 10, 11 et 12 qui ont été regravées après
qu'on y eut effacé la mention de Geta, à la suite du meurtre
de ce prince. La lecture présente, au contraire, l'état primtif
de l'inscription, tel qu'on peut l'admettre en raison des titres
ordinaires de Geta et de quelques autres indications du monument comme, par exemple, les quatre dernières lettres de la
dixième ligne, qui appartiennent à l'inscription première et
appellent le mot NOBILISSIMI.

On sait que Septime Sévère partit en 208 pour la Bretagne,
accompagné de sa femme et de ses deux fils, et qu'il y mourut au commencement de 211, après avoir soumis et réorga-
nisé le pays. C'est entre ces limites que tombe la date de
notre monument, date qui ne peut même être postérieure à

210, puisqu'il n'y est pas fait mention du titre de *Britanni-cus*, que Sévère et ses fils prirent dès cette dernière année.

Sittius, encore en possession de l'édilité et du triumvirat, rappelle qu'il a acquitté, en son temps, le droit de 20,000 sesterces imposé pour chacune de ces magistratures. Il était donc près de sortir de charge, et il faisait sa cour à la famille impériale pour en obtenir quelque nouvelle dignité.

Cette inscription intéressante est aujourd'hui dans un cabaret de la rue d'Aumale, exposée à toutes sortes d'injures ; il est fort à désirer que l'autorité s'en empare , comme c'est son droit, et qu'elle lui donne une place honorable dans le Musée.

XLV.

D·   M·   S·
PACTVMEIA
HAGNE
INCOMPARA
BILIS FEMINA
AMANTISSIMA
MARITO V· A· XX
H· S· E· O· E· B· Q·

Diis Manibus sacrum. Pactumeia Hagne incomparabilis femina amantissima marito vixit annis XX. Hic situ est. Ossa ejus bene quiescant.

Dans le mur d'une boutique arabe, place Nemours.

Il est à remarquer que l'O de MARITO est traversé par un I ; de sorte qu'on peut lire également MARITI.

XLVI.

D·   M·   S·
PRAEPVSA
AVG N̄ LIBERT
CONIVX
RARISSIMA
OBSEQVENS
ET CASTA
CVM GRANDI

PIETATE
MARITA
V· A· XXXV
H· S· E·
ONESIMVS
MARITAE

Diis Manibus sacrum. Praeposa Augusti nostri liberta conjux rarissima obsequens et casta cum grandi pietate marita vixit annis XXXV. Hic sita est. Onesimus maritae.

Dans un mur du passage de Dar-el-bey.

XLVII.

MEMORIAE
SEX AEMILI FELI
CIANI AMATORI
SANGVINIS SVI ET
REMVNERATORI FA
MILIAE SVAE
AEMILIA GARGILIA
FRATRI AMANTISSI
MO· V· A LXV· H· S· E

Memoriae Sexti Aemilii Feliciani. Amatori sanguinis sui et remuneratori familiae suae Aemilia Gargilia fratri amantissimo. Vixit annis LXV. Hic situs est.

Dans un mur du passage de Dar-el-bey, en face de la précédente.

XLVIII.

D· M· S·
AELIA PRIS
CA VA LXXXV
O T B Q
VICTORICVS FI
LIVS MATRI RA
RISSIMAE
FECIT

Diis Manibus sacrum. Aelia Prisca vixit annis LXXXV. Ossa tua bene quiescant. Victoricus filius matri rarissimae fecit.

Dans l'hôpital militaire.

XLIX.

D · M·
TITIA
VITALIS
MATER
FILIORVM ·
V A XXXV
H   S   E

Diis manibus. Titia Vitalis mater filiorum vixit annis XXXV. Hic sita est.

Dans la façade d'une maison, rue Leblanc.

L.

· OSIAE · FALCONILLAE
Q· POMPEI · SOSI · PRISCI · COS· FIL
Q· POMPEI· FALCONIS· COS· NEP
Q· SOSI· SENECIONIS· COS· II̅· PRO·
SEX IVLI FRONTINI· COS· III̅· ABN
QVOD· OBLATIS· PVBLICE·
PARENTI· EIVS· SOSIO PRISCO. CO··
STATVIS· EIVSDEM FALCONILLA··
N̅· V· IPSE· VNA RECEPTA· CIRC· ·
· · · ·IOVAS ONVS· SVMPTV· ··
· · · · · · · EMISERIT· ORD· · · · ·

Sosiae Falconillae Quinti Pompeii Sosii Prisci consulis filiae Quinti Pompeii Falconis consulis nepti Quinti Sosii Senecionis consulis iterum prompti Sexti Julii Frontini consulis tertium abnepti quod oblatis publice parenti ejus Sosio Prisco consuli statuis ejusdem Falconillae numero quinque ipse una recepta circa reliquas onus sumptus reipublicae remiserit ordo... ...

Copie communiquée par M. Aubin, lieutenant au 3ᵉ chasseurs d'Afrique.

Ce document dont la lecture ci-dessus paraîtra, nous l'espérons, satisfaisante, se rapporte, comme on le voit, à une femme de grande maison, arrière-petite-fille d'une fille de *Sextus Julius Frontinus* qui commanda, vers 77, dans la Bretagne, où il eut pour successeur Agrippa, beau-père de Tacite; arrière-petite-fille de *Quintus Sosius Senecio*, consul ordinaire en 99 et en 107; petite-fille de *Quintus Pompeius Falco*, consul subrogé de date incertaine; fille de *Quintus Pompeius Sosius Priscus*, consul ordinaire en 169, et sans doute sœur de *Quintus Sosius Falco*, consul en 193, que les prétoriens voulurent opposer à Pertinax.

LI.

```
. . . . . VANO
. . . . . ACRVM
. . . . . . ONIVS P F QVI
. . . . . . RIALIS AEDI· I··
. . . . . . · VIR·· I · I A CONIV
. . . . . . C· NVS EQVES
. . . . . · ANVS··· LI E··
. . . . . · IALIS F· C ITEM
. . . . . · CVRIVM AERE
. . . . . · TEMPL · M · C··
. . . . . · VA PECVNIA
. . . . . . . . · · D D D
```

Silvano Augusto sacrum Publius Paronius Publii filius Quirina Cerialis aedilis triumvir et Lucius Paronius Africanus eques romanus et liberti Cerialis fecerunt item Mercurium aereum in templo Mercurii sua pecunia posuerunt. Locus datus decreto decurionum.

Copie de M. le commandant Foy.

Le principal auteur de ce monument est un personnage de notre connaissance sur l'identité duquel il ne saurait y avoir de doute (Voyez II). C'est ce qui nous a engagé à en proposer une restitution qui, toute vraisemblable qu'elle soit, ne peut pas être donnée comme ayant sur tous les points le caractère de la certitude. Il y avait probablement un double de cette pierre et l'on ne doit pas désespérer d'en trouver un jour quelques traces.

LII.

P· SITTIVS· P· F·
DENTO· AED· II· VIR
QVAEST· II· FLAM
QVINQ· V· A· LX. II· S· E·

*Publius Sittius Publii filius Dento aedilis duumvir quaestor
iterum flamen quinquennalis vixit annis LX hic situs est.*

Cette inscription faisait partie, avec quelques autres objets
curieux, d'un tombeau découvert, en 1851, au Coudiat-Ati.
Elle est d'une réelle importance à cause de l'une des magistratures mentionnées, le duumvirat, dont il n'est question
dans aucun autre monument de Constantine, et qui s'accorde
avec la beauté des caractères pour témoigner de sa haute antiquité.

LIII.

C· IVLIVS· TAV
RIS C F· V· H· LXX

Caius Julius Tauris Caii filius vixit annis LXX.

Faubourg du Coudiat-Ati.

Remarquez H pour A.

LIV.

D·   M·
CECILIA
MATTRO
NA. V A XLI
II· S· E

*Diis Manibus. Cecilia Mattrona vixit annis XLI. Hic sita
est.*

Faubourg du Coudiat-Ati.

LV.

**M   LOLLIVS
SYNECDEKIVS
VAL
H S E
O T B Q**

Marcus Lollius Synecdekius vixit annis L hic situs est. Ossa etc.

Faubourg du Coudiat-Ati.

LVI.

**TI·   CLAVDIVS
PHOEBVS GRA
NIANVS
H S E O T B Q**

Tiberius Claudius Phoebus Granianus hic situs est. Ossa etc.

Faubourg du Coudiat-Ati.

LVII.

**GRANIA
AVRVRA
V   A
XXXX
H S E**

Grania Aurura vixit annis XXXX hic sita est.
Faubourg du Coudiat-Ati.

LVIII.

**SCRVIA
VA XXX**

Scruia vixit annis XXX.
Faubourg du Coudiat-Ati.

LIX.

AVILLIA· L· F
INGENVA
V· A· XLV
H · S · E

Avillia Lucii filia Ingenua vixit annis XLV hic sita est.
Faubourg du Coudiat-Ati.

LX.

D   M
C· IVLIVS
MONNO
SVS VA
XXXV HSE
O T B Q

Diis Manibus. Caius Julius Monnosus vixit annis XXXV hic situs est. Ossa etc.
Faubourg du Coudiat-Ati.

LXI.

Q GAVIVS
EIRMILLVS
VIXIT AN
LXV HSE
O T B Q

Quintus Gavius Eirmillus vixit annis LXV hic situs e Ossa etc.
Faubourg du Coudiat-Ati.

LXII.

D   M
VETTIVS
VICTOR

VIX· AN
· · · H S

Diis Manibus. Vettius Victor vixit annis . . . Hic situs.
Faubourg du Coudiat-Ati.

LXIII.

**SITTIA P F
GVRINA
V A V I H S E**

Sittia Publii filia Gurina vixit annis VI hic sita est.
Faubourg du Coudiat-Ati.

LXIV.

· · · IA PVSINNI
· · · VIXIT
· · · S XXXV
H S E

. . . ia Pusinnia vixit annis XXXV hic sita est.

LXV.

D   M
AVFIDIA
DATIVA
V A XXXV
O T B Q

Diis Manibus. Aufidia Dativa vixit annis XXXV. Ossa etc.
Faubourg du Coudiat-Ati.

LXVI.

**MEMORIAE
P SITTI TVLLIAN· ·
· · AECILIA IANV· ·
· · IA VXOR CARIS**

```
· · A MARITO SVO AMAN
· · O CVM FILIS SVIS FECIT
V A LXV
```

Memoriae Publii Sittii Tulliani. Caecilia Januaria uxor carissima marito suo amantissimo cum filiis suis fecit. Vixit annis LXV.

Faubourg du Coudiat-Ati.

LXVII.

```
D     S     MAN
L· PVBLICIVS
          FVSCVS
VIX·  A·  III
H·  S·  E
```

Diis sacrum Manibus. Lucius Publicius Fuscus vixit annis III hic situs est.

Faubourg du Coudiat-Ati.

LXVIII.

```
D     M
MVNATI
A· SECVN
DA· V A XXXX
H S
```

Diis Manibus. Munatia Secunda vixit annis XXXX hïc sita.

Faubourg du Coudiat-Ati.

LXIX.

```
DIS     M
IVLIA RO
GATA· V· A
· · · H S E
```

Dis manibus. Julia Rogata vixit annis . . . hic sita est.

Faubourg du Coudiat-Ati.

LXX.

L· AELIVS
LVCANV
S· V· A· LXX
V

Lucius Aelius Lucanus vixit annis LXXV.
Faubourg du Coudiat-Ati.

LXXI.

Q· SEDIVS· L·
FIL· QVI· CE
LER· V A LX
H S E

Quintus Sedius Lucii filius Quirina Celer vixit annis LX hic situs est.

Faubourg du Coudiat-Ati.

LXXII.

AEDINI
A· IVLIA
V. A· XLV
H S E

Aedinia Julia vixit annis LXV hic sita est.
Faubourg du Coudiat-Ati.

LXXIII.

SEX· ROSCIVS
SEX F· Q· CATV
LVS· V· A·
XL· O· T· B· Q

Sextus Roscius Sexti filius Quirina Catulus vixit annis XL. Ossa etc.

Faubourg du Coudiat-Ati.

LXXIV.

D M
Q· DOMITIVS SA
TVRNINVS FILIVS
DVLCISSIMVS ET
INCOMPARABILIS
V· A· XXIII II· O· T· B· Q

*Diis Manibus. Quintus Domitius Saturninus filius dul-
cissimus et incomparabilis vixit annis XXIII. Hic ossa tua
etc.*

LXXV.

DIS·   MAN·
IVLIA· HON
ORÁTA· VIX
AN· XVI·
II· S· E·

*Dis Manibus. Julia Honorata vixit annis XVI hic sita
est.*
Faubourg du Coudiat-Ati.

LXXVI.

CAELIA· FERT
VLA· V· A· LXXV
H S E

Caelia Fertula vixit annis LXXV hic sita est.
Faubourg du Coudiat-Ati.

LXXVII.

D   M
L· SERGIVS
SOZONVS
V· A· LV
H· S· E

Diis Manibus. Lucius Sergius Sozonus vixit annis LV his situs est.

Faubourg du Coudiat-Ati.

LXXVIII.

**SEX ARRIDI
VS ROGATVS
V A XIV
H S E**

Sextus Arridius Rogatus vixit annis XIV hic situs est.
Rue Leblanc.

LXXIX.

    · · EMEIS TVMVLIS AVIS ATTICA PARVV
    LA VENIT ET SATIATA THYMO STIL
    LANTIA MELLA RELINQVIT MI VO
    LVCRES HIC DVLCE ANENT VIRIDANTI
    BVS ANTRIS HIC VIRIDAT TVMVLIS
    LAVRVS PROPE DELIA NOSTRIS ET
    AVRO SIMILES PENDVNT IN VITIBVS
    · · · E · · · · · · · · · · · · · · · · ·

*De meis tumulis avis attica parvula venit
et satiata thymo stillantia mella relinquit.
Mi volucres hic dulce canent viridantibus antris.
Hic viridat tumulis laurus prope Delia nostris,
et auro similes pendunt (sic) in vitibus uvae.*

    ·

Trouvé dans les jardins de Salah-bey, près Constantine.

L'on voit que le bey Salah, qui gouvernait il y a quelque soixante ans et qui passe pour le créateur de ces jardins, n'a fait tout au plus que rétablir une ancienne villa romaine. C'est d'ailleurs ce qu'annonçaient déjà les bains d'eau thermale et autres traces de constructions antiques qui existent dans cette propriété.

Il est à observer relativement au mot **DVLCE**, le seul qui soit abrégé dans cette inscription, que la lettre C est traversée par un trait horizontal dont l'objet est évidemment de lui donner la valeur de CE. A la rigueur, on devrait lire **DVLCE**

ANENT ; alors le verbe serait au présent comme les autres, et le sens exigerait que **MI** fût joint à la phrase précédente. Mais le *ch mi* des oiseaux est uue image plus gracieuse, qui a dû être dans la pensée de l'auteur, assez peu soumis, du reste, aux règles de la grammaire.

LXXX.

D M S
LVCIVS MA
NIVS · · · ·
V · · · · · · ·
VIXIT · · · ·
LXXXV

Diis Manibus sacrum. Lucius Manius.... vixit annis LXXXV.

Versant Sud du Chettabah, près Consantine.

LXXXI.

D M ⸱	D M	D M
Q IVLIVS		Q· IVL
IST TIA		EMIL
NVS · · ·		VS· V·
· · · XXV		A· XL
· · S E		XX

Diis Manibus sacrum. *Diis Manibus.* *Diis Manibus.*
  Quintus Julius Ista- *Quintus Julius E-*
lianus vixit annis.... *milus vixit annis*
XXV hic situs est. *LXXX.*

Sur une seule et même pierre, trouvée au Chettabah, près Constantine.

LXXXII.

NVMINI FIL
VANI AVG·
SACRVM
IVLIVS HO

NORATVS· DD
S· P· L· A· FECIT
EX H-S CXL N
IDEMQVE DE
DICAVIT

Numini Silvani Augusti sacrum. Julius Honoratus decreto decurionum sua pecunia libens animo fecit ex sesterliis centum quadraginta nummis idemque dedicavit.

Versant Sud du Chettabah, 6 kilomètres de Constantine; ruines romaines assez considérables.

LXXXIII.

Q SEIVS EVTIC
ES SALTVARI
VS VOTVM
L A D D

Quintus Seius Eutices saltuarius votum solvit libens animo. Decreto decurionum.

Versant Est du Gebel Balàt, douar des Beni-Abdi, non loin de la précédente.

Ces deux inscriptions donnent lieu de croire que les crêtes du Chettabah, aujourd'hui si nues, étaient autrefois boisées. Les plâtrières en exploitation dans cette montagne ont dû contribuer à la destruction des arbres.

LXXXIV.

D M	D M
I CVPI	IVLIA
IVS DE	MON
XTER	VIA
V A	V A
LXXXV	L I

Diis Manibus. Lucius Cupitus Dexter vixit annis LXXXV.

Diis Manibus. Julia Monula vixit annis LI.

Deux épitaphes sur une seule pierre, à el-Gamas, propriété

de Si Hamouda-ouled-Cheikh , située à deux lieues au Sud de Constantine.

LXXXV.

(Voyez planche XVII.)

Nous plaçons sous ce numéro l'inscription dite *des Martyrs*, gravée sur le rocher , près et à droite de l'entrée du ravin du Rumel, sous Constantine. Que ce document célèbre se rapporte aux chrétiens Jacques et Marien qui furent torturés à Cirta , en 259 , exécutés à Lambèse quelques jours après , et mis par l'église au rang des saints, c'est ce qui ne fait pour nous l'objet d'aucun doute ; mais on y rencontre des difficultés d'interprétation qui n'ont pas encore été résolues d'une manière satisfaisante , et la réserve que commande un sujet de cette importance , jointe au manque absolu de ressources bibliographiques , nous défend d'en entreprendre ici l'examen. C'est pourquoi , laissant de côté toute hypothèse hasardée , nous nous bornons à présenter un dessin levé avec soin, que vont compléter les explications suivantes :

Les caractères qui composent la première ligne sont généralement lus QVARTO NONAS SEPTEMBRES. Nous n'avons rien à objecter contre cette lecture qui fait abstraction du premier trait vertical , affecté vraisemblablement à la branche inférieure d'une croix.

Le mot suivant PASSIONE ne peut faire l'objet d'aucun doute.

Vient ensuite la lettre M, endommagée dans sa partie supérieure, mais reconnaissable à son chevron dont l'angle existe encore sur la pierre. Elle appartient évidemment au fragment de mot MARTYR ou MARTVR.

La deuxième ligne commence par ORVM ; il n'y a rien, il n'y a jamais eu rien, avant ce groupe, et c'est tout-à-fait sans fondement que M. Carette y a vu le mot PIORVM. Il faut donc le lier avec celui qui termine la première ligne et lire MARTYRIORVM ou MARTYRORVM , si l'on veut admettre ce barbarisme, excusable de la part d'un ouvrier illettré et peut-être grec de nation, comme le donnent à croire le B partout employé pour le V consonne , et la forme de *Delta* donnée au D.

HORTENSIVM est certain ; c'est à tort que l'abbé Amati
a lu HORREENSIVM. Nous pensons qu'il faut entendre par
ce mot les habitants d'une région cultivée en jardins , peut-
être le *Hamma*, situé à **20** kilomètres au Nord de Constantine, sur la route de Philippeville.

On remarquera la conjonction ET mise entre les noms des
deux principaux personnages, comme pour les distinguer des
autres martyrs DATI, IAPINI, RVSTICI, CRISPI, (TATI
presque effacé et douteux), MELTVNI, (BICTORIS pour VIC-
TORIS), (SILBANI pour SILVANI), EGIPTINI douteux).

Les groupes suivants, surmontés de deux barres horizontales, sont des sigles qu'on a lus SANCTI DEI, qu'on pourrait
lire SANCTI DIEI. Le reste de la ligne est, sans conteste,
MEMORAMINI IN CONSPECTV DOMINI.

La dernière ligne est : QVORVM NOMINA SCITIS QVI
FECIT..... mais au lieu de faire un seul mot de SCITIS , on
pourrait en détacher le pronom démonstratif IS , qui semble
appelé par le relatif QVI. Quant aux sigles qui la terminent
et qu'on a lus INDICTIONE XVe, n'y doit-on pas voir plutôt IN DIE XVe ?

NOTE

sur des objets antiques trouvés à Philippeville.

La mer, dans ses jours de tempête, rejette sur la plage de Philippeville et principalement sous la partie sablonneuse qui s'étend sous la place de la Marine, des objets antiques de toutes sortes : pièces de monnaie, fragments d'or et d'argent ouvrés et, plus rarement il est vrai, des bagues entières, des pierres gravées, etc.

Ces objets sont recherchés avec soin par des individus qui opèrent leur pêche des deux façons suivantes : quand le flot se retire, on les voit, jambes nues, s'avancer sur la grève et y creuser rapidement, à l'aide de leurs mains, les plus riches, d'une bêche, des trous profonds de 10 centimètres environ ; la mer revient, ils se sauvent, et quand une fois encore elle a reculé dans son sein, ils courent à leurs trous qu'ils ont multipliés autant que possible et ils en retirent ce que l'eau a pu y laisser tomber en les couvrant.

L'autre mode est celui-ci : dans sa marche rétrograde, le flot rencontre les têtes de nombreux blocs de grès à demi enfoncés dans le sable ; derniers souvenirs du quai de la *Rusicade* romaine ; les objets d'un certain poids qui sont roulés par l'eau sont retenus par ces têtes de grès et s'abattent au pied de la face opposée à la mer. C'est là que le pêcheur d'antiques vient les recueillir dans les sables auxquels ils se mêlent. Mais hélas, comme on s'en doute bien, que d'ivraie dans cette récolte ! Le pêcheur d'antiques dont l'industrie s'exerce surtout en hiver, sous la rude action du vent et de la pluie, voit s'écouler plus d'un jour avant d'avoir trouvé un morceau d'or ou d'argent d'une certaine valeur, une pierre gravée, une belle médaille ! L'objet de ses recherches provient du lavage des terres de déblais : donc, quand le nouveau quai sera achevé, quand le jet des terres de déblais s'arrêtera, notre homme verra sa mine s'appauvrir chaque jour davantage. Encore une industrie qui disparaîtra !

J'arrive au sujet de cette note.

Parmi les souvenirs de l'antiquité que la mer restitue ainsi que je viens de le dire, il s'en trouve un, en plomb, dont les exemplaires trouvés sont assez nombreux pour exciter l'attention de la Société archéologique de Constantine (1). Cet objet affecte la forme d'un bouton ; son diamètre varie de 2 à 3 centimètres ; il est d'une faible épaisseur, 2 millimètres environ. Sa face antérieure montre au centre un champ rond, ovale ou carré, sur lequel apparaît, tracé en relief, un dessin d'un travail assez grossier. Malgré la couche de sel qui le recouvre généralement, il m'a été possible d'y voir des étoiles dont les pointes atteignent les bords du champ ; — des soldats casqués, à tunique courte, armés de javelots, dans l'attitude du combat ; — des griffons ; — des victoires ; — des têtes barbues à couronnes radiées, rappelant le type barbare des empereurs du Bas-Empire, etc., etc.

Sur l'un d'eux, j'ai trouvé l'inscription suivante :

Enfin, à la partie postérieure et au centre, cet objet est pourvu d'un culot percé d'un trou de 3 millimètres d'ouverture ; ce trou est en quelque sorte continué par une petite rigole tracée sur ce fond.

L'objet en question s'attachait-il comme nos boutons modernes, soit au moyen de fil, soit au moyen d'une branche de métal : le culot semble l'indiquer ; mais après quoi ? Dans quel but ? Si c'est comme ornement, remarquons qu'il est formé du métal le plus commun, sans trace de dorure ni d'argenture ; que, de plus, il offrait peu de solidité.

On ne saurait y voir un cachet : le champ est creux et le dessin s'y présente en relief ; théorie contraire aux cachets antiques comme aux modernes.

(1) M. le docteur Lagrave en a recueilli plus d'une centaine pendant son séjour à Philippeville.

Quel était donc l'emploi primitif de l'objet que je viens d'essayer de décrire? Telle est la question que je pose à la Société archéologique de Constantine. Pour achever de me faire comprendre, je donne ci-dessous des dessins de grandeur naturelle le présentant sous toutes ses faces. (Voyez planche XVI *bis.*)

DEUX VILLES NUMIDO-ROMAINES.

1°. — Les ruines du Khaneg.

Par une sorte d'exception aux lois naturelles, la charpente si compliquée des montagnes du Nord de l'Afrique présente, pour ainsi dire à chaque pas, de brusques solutions de continuité où les eaux fluviales s'échappant à travers la masse même qui se dressait comme un obstacle devant elles, courent en cascades se jeter dans un nouveau bassin. Le célèbre ravin du Rummel, sous Constantine, est un de ces curieux accidents géologiques ; et plus bas, au point où les hautes collines de la rive gauche de l'O. Smendou barrent la vallée du Rummel, une coupure non moins pittoresque donne passage aux eaux de ce fleuve et les transmet à la vallée du Smendou.

A l'entrée de ce défilé (en arabe *Khaneg*), sur le banc de roc qui couronne sa rive droite, s'élevaient jadis les murs d'une petite ville protégée presque de tous côtés par d'infranchissables escarpements. Dès le début de notre conquête, ce point piqua vivement la curiosité des amateurs d'archéologie. On se demandait si Constantine représentait bien réellement l'antique capitale numide : la ville du Khaneg, qu'à cette époque de dangers l'on ne faisait guères qu'entrevoir dans un mystérieux lointain, lui disputait cet insigne honneur. Bref, l'opinion générale s'égarant de plus en plus, avait fini par accepter comme synonimes les dénominations de *ruines du Khaneg* et *d'antique Cirta.*

Ayant rapidement visité ces ruines, au retour de l'expédition de 1851, j'en avais rapporté un vif désir de les explorer à mon aise. La présence d'un célèbre antiquaire, M. Léon Rénier, fut pour moi la plus heureuse des occasions. Nous allâmes donc ensemble, par une belle journée du mois d'octobre 1852, planter nos tentes à l'entrée du Khaneg. Quelques minutes après, nous gravissions la route romaine qui monte aux ruines et nous mettions à l'œuvre les sapeurs du Génie dont je m'étais fait suivre.

En attendant les résultats de leur travail, nous lûmes la curieuse inscription d'un cippe gisant à la surface du sol. La voici, reproduite aussi fidèlement que le permettent les moyens typographiques à notre disposition :

```
Q· LOLLIO· M· FIL·
QVIR· VRBICO· COS·
LEG· AVG· PROVINC· GERM·
INFERIORIS· FETIALI· LEGATO·
IMP· HADRIANI· IN· EXPEDITION·
IVDAICA· QVA· DONATVS· EST·
HASTA· PVRA· CORONA· AVREA· LEG·
LEG· X GEMINAE· PRAET· CANDIDAT·
CAES·TRIB· PLEB. CANDIDAT· CAES· LEG··
PROCOS· ASIAE· QVAEST· VRBIS. TRIB.
LATICLAVIO· LEG· XXII PRIMIGENIAE
IIIIVIRO· VIARVM. CVRAND·
              PATRONO
     DD.                    PP·
```

C'est-à-dire :

Quinto Lollio Marci filio Quirina Vrbico, consuli, legato Augusti provinciae Germaniae inferioris, fetiali, legato Imperatoris Hadriani in expeditione Judaica, qua donatus est hasta pura corona aurea, legato legionis decimae geminae, praetori, candidato Caesaris, tribuno plebei, candidato Caesaris, legato proconsulis Asiae, quaestori Vrbis, tribuno laticlavio legionis duoetvicesimae primigeniae, quatuorviro viarum curandarum, patrono. Decreto decurionum. Pecunia publica.

Certes, un monument relatant les honneurs successivement obtenus, depuis la simple surveillance des routes jusqu'au consulat, par un personnage d'ordre sénatorial qui fut aussi préfet de Rome, ainsi qu'on le verra plus loin, était bien digne de tout notre intérêt ; mais voilà que nos sapeurs font sortir de terre les titres d'un petit magistrat de province, d'un de ces innombrables Sittius de la république Cirtéenne, qui va nous apprendre des choses encore plus curieuses : le mode constitutif de plusieurs cités ; leurs noms exacts et complets ; enfin, jointe à l'un d'eux, cette épithète SARN, qui paraît pour la première fois dans un document archéologique.

Q· SITTIO·
Q· FIL· QVIR·
FAVSTO· IIIVIRO·
PRAEF· I· D· COL· VE
NERIAE· RVSICADE·
ET· COL· SARN· MILEV·
ET COL· MINERVIAE·
CHVLLV·AEDILI·
MVNICIPES· OB·
MERITA· EIVS·
AERE· CONLATO ·

Quinto Sittio Quinti filio Quirina Fausto, triumviro, prae-fecto juridicundo coloniae Veneriae Rusicade et coloniae Sarn Mileu et coloniae Minerviae Chullu, aedili, municipes ob merita ejus, aere conlato.

Nous étions en bonne veine, car nous tombons bientôt après sur cette inscription en l'honneur de la femme du même Sit-lius, qui confirme et complète la précédente :

APRONIAE· SEX· FIL· FI
DAE· CONIVGI·
Q· SITTI· Q· FIL· QVIR· FAVS
TI· PROBATI· AB·
IMPP· L· SEPTIMIO· SEVERO·
PERTINACE· AVG· ET·
M· AVRELIO· ANTONINO· AVG·
IN· QVINQ· DECVRIAS· ALLECTI· A· DIVO
M· ANTONINO· PIO· FLAM· PERP·
IIIVIR· QVINQ· IIIVIR· PRAEF· I· D·
··L· VENER· RVSIC· PRAEF· I· D·
··L· SARN· MIL· ET· PRAEF· I· D·
COL· MINER· CHVLLV· AEDIL·
AMICI· OB MERITA· MARITI·
··VS· IN· SE· AERE· CONLATO·
L · D·   D· D·

Aproniae Sexti filiae Fidae, conjugi Quinti Sitti Quinti filii Quirina Fausti, probati ab Imperatoribus Lucio Septimio Severo Pertinace Augusto et Marco Aurelio Antonino Augusto, in quinque decurias allecti a divo Marco Antonino Pio, Flaminis perpetui, triumviri, quinquennalis, triumviri, praefecti juri-dicundo coloniae Veneriae Rusicade, praefecti juridicundo co-loniae Sarn Mileu et praefecti juridicundo coloniae Minerviae Chullu, aedilis, amici ob merita mariti ejus in se, aere con-lato. Locus datus decreto decurionum.

Mais ces heureux résultats ne nous satisfaisaient que mé-
diocrement, car ils n'étaient pas le véritable objet de nos recherches, et déjà nous nous disposions à quitter la place, un
peu désappointés, quand j'aperçus un cippe renversé, dont la
base seule se montrait hors de terre. Mes sapeurs accourent
et se remettent à fouiller de plus belle. Nous, le regard fixé
dans la direction des premiers mots qui vont apparaître, nous
attendons avec une impatiente curiosité. Enfin, nos efforts ont
leur récompense ; nous tenons le nom du lieu avec la belle
inscription transcrite ci-dessous :

```
      IVLIAE· AVG· MATRI·
       CASTROR· CONIVGI·
      IMP· CAES· DIVI· M· ANTO·
      NINI· GERM· SARM· FIL·
      DIVI· COMMODI· FRATRIS·
      DIVI· ANTONINI· PII· NEP· DIVI·
      HADR· PRON· DIVI· TRAI· PART·
      ABNEP· DIVI· NERVAE· ADNEP·
      L· SEPTIMI· SEVERI· PII· PERTIN·
      AVG· PART· ARAB· PART· ADIAB·
      PROPAG· IMP· PONT· MAX· TRIB·
      P· V· IMP· VIIII· COS II· P· P· PROCOS·
            RES          PVB·
          TIDDITANOR·
      D·                      D·
```

*Juliae Augustae matri castrorum conjugi Imperatoris Caesa-
ris divi Marci Antonini Pii Germanici Sarmatici filii, divi
Commodi fratris, divi Antonini Pii nepotis, divi Hadriani
pronepotis, divi Trajani Parthici abnepotis, divi Nervae adnepotis, Lucii Septimii Severi Pii Pertinacis Augusti Parthici
Arabici Parthici Adiabenici, propagatoris imperii, pontificis
maximi, tribunitia potestate quintum, imperatoris nonum, consulis iterum, patris patriae, proconsulis, respublica Tiddita-
norum, decreto decurionum.*

Ainsi donc, les ruines du Khaneg n'ont aucun rapport avec
Cirta, comme du reste on devait bien s'y attendre. Elles appartiennent à l'antique ville de *Tidde*, ou peut-être mieux
Tiddi, mot qui fait partie du vocubulaire topographique de
la langue kabaïle, et qui indique, selon toute apparence, une
origine numide.

Après cette précieuse trouvaille, nous n'avions plus rien à
demander au Khaneg et nous allâmes visiter le monument des

Lollius, situé à 3 ou 4 kilomètres de là, sur le versant de l'O. Smendou, dans la vallée duquel cette grande famille possédait un domaine. On trouvera, sur la planche XVIII, un dessin exact de ce monument, d'après le lever que nous en avons fait nous-mêmes, ainsi que son inscription dédicatoire répétée sur quatre points de sa circonférence et dont voici la facile lecture :

Marco Lollio Senecioni patri, Graniae Honoratae matri, Lucio Lollio Seni fratri, Marco Lollio Honorato fratri, Publio Granio Paulo avonculo (sic), *Quintus Lollius Urbicus, praefectvs Urbis.*

2°. — Oudjel.

Dans les premiers jours d'avril 1851, M. le général de St-Arnaud, alors occupé de sa grande expédition en Kabylie, poussa lui-même, escorté de quelques officiers et d'un demi escadron de chasseurs, une reconnaissance sur la route qui conduit par Mila et le fedj Beinen au centre des opérations projetées.

On partit de bon matin, par un ciel douteux. On suivit d'abord la route de Salah-bey, puis on remonta le cours de l'O. Begrat, afin de gagner, en longeant les montagnes de gauche, *Oudjel* où nous attendait une *diffa*, dans la propriété de Messerly-Aly, ancien turc au service du Bey, devenu au nôtre officier de spahis. Le temps s'étant tourné au plus mauvais, le Général décida qu'on coucherait à Oudjel. Nous pûmes ainsi visiter à loisir, mais sous une pluie battante, les ruines romaines dont ce point est couvert. Pour mon compte je ne vis rien de remarquable que l'arcade d'une porte de ville et un petit bâtiment carré, en grosses pierres de taille, comme presque tous les monuments romains en Afrique. Mais M. de Neveu, à cette époque capitaine directeur des affaires arabes de la province, fut plus heureux que moi. Il mit la main sur une pierre enfouie, dont un angle hors de terre montrait un commencement d'inscription. La dégager entièrement fut l'affaire de quelques minutes ; on lut alors sur ce précieux document une dédicace à Caracalla , de la quinzième année de son règne, correspondaut à l'an 212 de notre ère, et le nom de la localité. Je le transcris ici, en dédoublant les lettres liées , mais en lui conservant, autant que possible , sa physionomie, telle que je l'ai observée moi-même au retour de l'expédition des Babor, en 1853 :

```
IMP· CAES· DIVI· SEPTIMI· SEVER· PI· ARABICI
ADIABENICI· PARTHICI· MAXIMI· BRITANICI· MAXIMI· F··
·O· DIVI· M· ANTONINI· PI· GERMANICI· SARMATICI· NEPO·
DIVI· ANTONINI· PI· PRONEPOT· DIVI· HADRIANI· AB··
POT· DIVI· TRAIANI· PARTHICI· ADNEPOT· M·
·VRELIO· SEVERO· ANTONINO· PIO· FELICI· AVG·
PARTHICO· MAXIMO· BRITANNICO· MAXIMO·
PONTIFICI· MAXIMO· TRIBVNICIAE· POTES· XV·
    IMP· II· COS· III·     P· P·
    RES   PVB·  VZELITANORVM·
```

Imperatori Caesari divi Septimii Severi Pii Arabici Adiabenici Parthici maximi Britanici (sic) maximi filio, divi Marci Antonini Pii Germanici Sarmatici nepoti, divi Antonini Pii pronepoti, divi Hadriani abnepoti, divi Trajani Parthici adnepoti, Marco Aurelio Severo Antonino Pio Felici Augusto, Parthico maximo, Britannico maximo, pontifici maximo, tribuniciae potestatis decimum quintum, Imperatori iterum, consuli tertium, patri patriae, respublica Vzelitanorum.

Oudjel est le nom que les indigènes donnent aujourd'hui à cette localité. Sa ressemblance avec l'ethnique mentionné sur le monument est frappante et je n'hésite pas à adopter pour le nom de la ville romaine, probablement d'origine numide , la forme *Uzel*, de préférence à celle, plus latine, de *Uzelis*.

Les Uzélitains se livraient avec succès à la fabrication des ouvrages en terre cuite. Une partie des conduites d'eau de Cirta étaient construites en tuyaux de cette provenance. Ils portent, imprimés en relief, la marque VZELITAN , ou celle de VZELIT , qui sont des abréviations de VZELITANI.

J'ai copié, dans le même lieu, en 1853, cette autre inscription, de l'an 201, sur une pierre que Messerly-Aly a fait placer dans l'assise inférieure d'un mur de cave, et dont, à cause de son état fruste joint l'incommodité de la position , je n'ai pas pu lire le dernière ligne :

```
IVLIAE       AVGVSTAE
MATRI· CASTRORVM· CONIVGI·
```

IMP· CAES· DIVI· M· ANTONINI·
PII· GERM· SAR· FIL· DIVI· COM·
FRATRI· DIVI· ANTONINI· PII· NEP·
DIVI· HADR· PRON· DIVI· TRAIA·
PART· ABNEP· DIVI· NER· ADNEP·
SEPTIMI· SEVERI· PII· PERT· AVG·
PART· ARAB PART· ADIAB· PROPA· IMP·
PONT· MAX· TRIB· POT· IX. IMP. XI· COS·
II· PROCOS· P P· FORTISS· FELICISS· I ··C
ISSIMI· PRINCIPIS·
. . . .

Juliae Augustae matri castrorum conjugi Imperatoris Caesaris divi Marci Antonini Pii Germanici Sarmatici filii, divi Commodi fratris, divi Antonini Pii nepotis, divi Hadriani pronepotis, divi Trajani Parthici abnepotis, divi Nervae adnepotis, Lucii Septimii Severi Pii Pertinacis Augusti Parthici Arabici Parthici Adiabenici propagatoris imperii pontificis maximi tribunitia potestate nonum Imperatoris undecimum consulis iterum proconsulis patris patriae fortissimi felicissimi invictissimi principis. . . . .

INDICATION

de la route de Tuggurt à Tombouctou
et aux monts de la Lune,

DOCUMENT TRADUIT DE L'ARABE.

Au moment où, la passion des voyages prenant chez tous les peuples un essor irrésistible, l'on voit l'Angleterre lancer de nouveaux explorateurs à la découverte de cette mystérieuse Afrique centrale qui a dévoré les premiers, nous recueillons avec plaisir et nous signalons comme une bonne fortune les notes qu'*un homme de caravane* a rédigées, à une époque inconnue, sur les étapes du Soudan, sans penser probablement qu'elles seraient un jour livrées à la publicité. Le mérite de ce naïf document est de tracer sur la carte vingt nouveaux noms de stations entre Tuggurt et Tombouctou, et de citer neuf grands centres de population de Tombouctou aux Monts de la Lune (Djebel-el-Qamar), où l'on trouve des ruines qui paraissent pouvoir être attribuées à l'antiquité.

Il serait intéressant de savoir à quelle époque se rapporte ce voyage : nous y voyons figurer, au Sud de Bambara, les Chamba et les Mkhadma, tribus qui pivotent aujourd'hui autour d'Ouargla, Metlili et El-Guelâ. Il n'y a certainement là rien de bien surprenant, car nous avons des exemples d'émigrations tout aussi singulières; mais, alors que nous sommes si pauvres en documents historiques sur le Sud, ce serait une donnée précieuse d'apprendre qu'à cette époque, c'est-à-dire à l'époque du voyage accompli par notre personnage, les Chamba et les Mkhadma, que les troupes de Biskra ont combattus, l'année dernière, à Mlili, sur l'Oued Djedi, étaient campés vers les sources du Niger. En changeant de pays, ni les uns ni les autres n'ont changé de mœurs ; les Chamba sont toujours nomades, les Mkhadma cultivent les oasis.

ITINÉRAIRE.

Première journée. — On part de Tuggurt et, après une journée de marche, on arrive à une petite ville appelée Aïn-Temacin.

Deuxième journée. — On va coucher à Oued-la-Zal (le ruisseau intarissable). Les habitants de cette localité ont le teint bronzé et ils portent des habits de laine. Leur territoire produit du blé et de l'orge, mais ce sont les dattes qui forment la base de leur nourriture; les chevaux, les chameaux et les moutons constituent en grande partie leur richesse.

Troisième journée. — On arrive à Aïn-el-Berâïe dont les habitants, qui ne possèdent ni céréales, ni terres propres au labour, vivent seulement de dattes et du lait de leurs brebis.

Quatrième journée. — La caravane se repose le soir à Aïn-el-Biodh (fontaine des blancs). Les gens de cette contrée ont le teint coloré de rouge (ahmar); leur principale nourriture est le fruit du dattier et le lait des brebis; leur richesse consiste en chevaux, en chameaux et en troupeaux de bêtes à laine. Habitants d'une terre inculte, ils ne récoltent point de de céréales; c'est pourquoi ils se procurent, à prix d'argent, du blé et de l'orge. Ils sont pleins d'affabilité, de politesse pour le voyageur, et se montrent heureux de jouir de sa présence.

Cinquième journée. — On arrive à Ouargla, grand et beau canton dont les habitants sont presque tous agriculteurs. Aussi, l'œil découvre presque partout des champs cultivés, des forêts de palmiers et des vergers dont les arbres se couvrent de toutes sortes de fruits, tels que figues, raisins, abricots, etc.; on y trouve des légumes de toute espèce, le navet, le chou, etc.

Sixième journée. — De Ouargla, on se dirige vers Aïn-el-Hadjar (la fontaine des pierres, Pierrefont). Tous les gens de cette bourgade vivent dans l'aisance : leur fortune consiste en chevaux, en moutons et en chameaux. Ils sèment du blé et de l'orge; mais il est vrai de dire qu'ils consomment plus de dattes que de céréales.

Septième journée. — La caravane fait halte à El-Guelà
(le fort). Ici les habitants ont le teint basané et sont vêtus de
laine. C'est un district peu considérable, mais l'aisance y règne
généralement, parce que le blé, les dattes, les fruits et les légumes y abondent. A El-Guelà, l'étranger est sûr de recevoir un
accueil cordial.

REMARQUE. « Notre voyageur n'a mis que deux jours de
Ouargla à El-Guelà. Or, M. Carette compte de 70 à 75 lieues
entre ces deux points; MM. Max et Renou donnent 80 lieues;
mais, d'après les renseignements recueillis par le capitaine Séroka, directeur du bureau arabe à Biskra, il y aurait quatre
jours de marche pour une caravane, ce ferait au moins quarante-cinq lieues, distance encore double de celle qu'on peut
déduire de l'itinéraire que nous traduisons. »

Huitième, neuvième et dixième journée. — On quitte
El-Guelà et, après trois journées de marche au milieu de tribus nomades (rehhâla) et sans habitations fixes, on s'arrête à
Aïd-el-Himar (la fontaine de l'âne). Les Arabes de cette petite
Oasis, où l'eau abonde, sont tous adonnés au travail de la
terre; leurs jardins et leurs forêts de palmiers sont sillonnés
par des canaux d'irrigation (souâgui). Le froment, de préférence à l'orge, ainsi que le fruit du dattier forment leur nourriture habituelle. La race ovine, le cheval et le chameau sont
la richesse du pays; les plantes qu'on trouve sur ce sol sont
le *chièh* (artemisia judaïca), le *atqouf* (le tabsi de Niviani)
et le *halfa* (espèce de jonc) (stipa tenacissima Linné).

Onzième journée. — On va bivouaquer près de Bir-
Khanfouss (le puits des bousiers). Les gens de cette localité
ont la peau cuivrée; ils ne sèment ni blé, ni orge, mais ils se
nourrissent avec des dattes, du lait de chamelle et du lait de
brebis. Ils possèdent d'immenses troupeaux de moutons et de
chameaux; leurs chevaux sont d'une belle race. La population de Bir-Khanfouss mène une vie errante.

REMARQUE. « C'est *Bir-Khnafsa* qu'il faut lire suivant la
prononciation des gens du pays; mais alors la signification
ne serait plus la même, puisque les Khnafsa sont une tribu
nomade de Touat, qui compte un grand nombre de propriétés dans le district de Gourara. Ce renseignement nous a été
fourni par le capitaine Séroka. »

Douzième journée. — Aïn-el-Hezâm (la fontaine de la
ceinture). Ici encore on ne rencontre que des Arabes au

téint bronzé, qui ne connaissent d'autre nourriture que la datte, le lait de brebis et le lait de chamelle. On voit dans ce pays des chevaux d'une finesse remarquable. L'étranger y reçoit un accueil hospitalier.

Treizième journée. — On entre, le soir du treizième jour, dans un bourg considérable, qui tire son nom de la zaouïa de Sidi-Mohammed-R'andouz ou Gandouz. Cette zaouïa, aujourd'hui inhabitée, n'est, à proprement parler, qu'une koubba (oratoire), placée sur un mamelon de sable. Les habitants de l'endroit ont le teint rouge. Ils ne récoltent, en fait de céréales, que du froment, et ne se nourrissent guères que de lait et de dattes. Le cheval, le chameau ainsi que les moutons sont assez rares chez eux, mais ils se livrent avec activité au commerce.

Quatorzième journée. — On arrive à Aïn-el-Hima. Ses habitants, à la figure bronzée, émigrent sans cesse d'Oasis en Oasis; ils n'ont ni champs ensemencés, ni jardins cultivés, et possèdent pour tout bien des troupeaux de chameaux et de moutons. Naturellement cavaliers, ils passent leur vie à errer. Les dattes et le lait de brebis suffisent à leur nourriture.

Quinzième journée. — On met pied à terre à Tabal-qouze, village important, riche en palmeraies, en jardins potagers et en vergers. Ici comme ailleurs, le mouton, le chameau et le cheval constituent la richesse essentielle du pays. Les indigènes ont le teint coloré de rouge; ils sont pleins de probité et font beaucoup de commerce.

REMARQUE. « C'est probablement Taberkouze, qui n'est plus qu'un lieu d'emmagasinement pour les Nharza et où l'on voit très peu de palmiers. »

Seizième journée. — On arrive à Touat, ville considérable et centre d'un grand commerce. Le vaste territoire de son district est couvert de champs de blé et d'orge. On remarque ici, comme dans la localité précédente, que la teinte rouge domine sur la peau des visages. Touat, à ce qu'il paraît, est sous la dépendance du Maroc. Les Juifs, qui y sont en grand nombre, y comptent plusieurs synagogues.

REMARQUE. « C'est une indication qui n'en est pas une. Le Touat est une région égale en longueur à la province de Constantine et qui comprend au moins 300 villages. Le capitaine Séroka a les noms de 250 de ces groupes de population. Les gens du pays disent qu'une jument qui serait saillie au village le plus septentrional pourrait, en se dirigeant vers le Sud, coucher chaque jour daus un village et mettrait bas en arrivant au plus méridional. »

Dix-septième journée. — La caravane s'arrête au petit bourg de Timimoune. Les habitants ont la peau rouge ; presque dénués de ressources, ils ne possèdent ni jardins, ni troupeaux, et sont obligés de tirer de Touat et de plusieurs autres localités la majeure partie de leur alimentation.

Dix-huitième journée. — Le soir du dix-huitième jour on entre à Deldoul. On est heureux de trouver dans cette petite Oasis des gens pleins de franchise, très hospitaliers, qui traitent l'étranger avec distinction et lui fournissent, sans arrière-pensée, tous les renseignements dont il a besoin. Le sol de Deldoul produit du blé et de l'orge, et nourrit des troupeaux de chevaux et de chameaux, une des principales richesses de la contrée. On y voit de nombreux vergers, où abondent la figue, l'abricot, la grenade et presque tous les fruits. L'eau, que la nature y prodigue, entretient la fraîcheur et la fertilité dans les jardins potagers, où croissent toute espèce de légumes.

Dix-neuvième journée. — De Deldoul, on marche jusqu'au puits des Oulad-Mahmoud. La tribu qui donne son nom à cette localité ne possède ni champs, ni jardins. Mettant toute leur fortune dans les moutons, les chevaux et les chameaux, les Oulad-Mahmoud passent leur vie sur la croupe de leurs coursiers.

Vingtième journée. — On campe près d'une bourgade appelée Kartsine ou Kartine. Les habitants ont le visage fortement basané ; ils partagent leurs soins entre la culture des céréales et l'entretien de leurs jardins. Les moutons, les chevaux et les chameaux constituent pour eux un revenu considérable. Les seules plantes qui se rencontrent dans la campagne sont le *chièh* (artemisia judaïca), le *gouzzah* et l'*atqouf* ou *tigouftet* (le tabsi de Viviani).

REMARQUE. « On ne connaît plus le village de Kartine : en partant de Bir-Oulad-Mahmoud, la route qui conduit à El-Asboue, s'appelle Tineteratine. »

Vingt-et-unième journée. — El-Asboue (les lions), où s'arrête le voyageur, renferme une population qui récolte peu de céréales et beaucoup de légumes. Il ne s'y fait aucun commerce. Les habitants ont le teint basané.

« *Vingt-deuxième journée.* — Nos observations sur Timmi sont identiquement celles que nous venons de faire sur El-Asboue.

REMARQUE. « Encore une indication vague comme n'en donnent que trop souvent les auteurs arabes. Timmi est une circonscription qui compte vingt-quatre villages ; le chef-lieu est Hadrar. »

Vingt-troisième journée. — Aïn-Roukâne. Auprès de cette fontaine sont venus dresser leurs tentes des Arabes nomades qui ne labourent pas le sol et n'ont pas de jardins. Tout ce qu'ils possèdent se réduit à des troupeaux de chevaux et de chameaux. Leur vie se passe, pour ainsi dire, à dos de cheval.

REMARQUE. « C'est probablement Beni-Rekâne, grande circonscription où l'on compte six villages. »

Vingt-quatrième journée. — En arrivant à la zaouïa (chapelle) de Mouleï-Hib, on rencontre des gens hospitaliers, simples et bons. Le rouge domine dans leur teint. Cette oasis est assez vaste puisqu'elle n'a pas moins de trois milles en longueur et en largeur. Le commerce qui s'y fait peut être regardé comme important. Les céréales, les fruits et les légumes y abondent. Les habitants ont beaucoup de chameaux : mais peu d'entre eux possèdent des chevaux.

REMARQUE. « Le nom véritable est Zaouïa Mouleï-Haïba. »

Vingt-cinquième journée. — On arrive à Tidikeult. Les habitants de ce petit bourg sont de braves gens qui se montrent heureux de recevoir l'étranger sous leur toit. Peu riches en troupeaux et en céréales, ils n'ont que des jardins pour fournir à leur subsistance.

REMARQUE. « Ce renseignement laisse à désirer. Il y a plus de cinquante villages dans la province de Tidikeult. »

Vingt-sixième journée. — Il faut s'arrêter au pied du mont Tanozroft ; là, les habitants ont la peau assez colorée. Ils récoltent du blé, de l'orge, des fèves et des pois-chiches (houmoss). Les chameaux, les moutons et les chevaux apportent à Tanazroft un revenu considérable. Les plantes qui y poussent sans culture sont le *chièh* et l'*atqouft*. Après avoir quitté la montagne dont nous venons de parler, on se trouve bientôt en face d'un immense désert que l'on ne traversera qu'en vingt-quatre journées. C'est un véritable océan de sable, où l'œil ne découvre ni arbre, ni pierres, ni créature humaine. Durant ce long et pénible trajet, on ne rencontre l'eau que trois fois. Le *chièh* est la seule plante qui rompe la monotonie du sol.

Au sortir du désert, on arrive à l'ancienne oasis de Tindidil, qui n'est plus qu'un puits. Les habitants de l'endroit ont le teint brûlé par le soleil; leurs vêtements sont en laine. Le blé et le riz forment la partie essentielle de leur nourriture. Ils sont riches en chevaux, en chameaux et en bêtes à laine. Séparés du reste des humains par deux mers de sable, ils accueillent avec un empressement indicible le voyageur qui se présente.

A peine a-t-on perdu de vue cette terre hospitalière, qu'on s'engage dans un désert de sept journées de longueur, désert sans eau et sans la moindre apparence de végétation. Au sortir de cette solitude, on rencontre la première ville du pays des nègres, Mabrouk, en face de laquelle s'élèvent encore des ruines considérables, restes d'une ancienne forteresse. C'est une cité commerçante, riche et abondamment pourvue de blé, de riz et d'arbres fruitiers ; quant à l'orge on ne l'y connaît guère. Les nègres de la contrée portent des habits de coton, leurs troupeaux n'ayant pas de toison, pour ainsi dire. Dans ce district d'une fertilité prodigieuse, le coton aussi bien que les légumes, pousse sans culture. Quand on en a besoin, on n'a qu'à sortir de la ville pour en faire provision dans les champs.

REMARQUE. « Voici comment, d'après les renseignements obtenus par le capitaine Séroka, se divise la route d'Akabli, pointe sud du Touat, à Mabrouk :

D'Akabli à Ghaba,
De Ghaba à Tintnaïa,
De Tintnaïa à Hartki,
De Hartki à Mequirden,
Deux étapes sans désignation, puis Oualléne.
Total : d'Akabli à Oualléne 7 journées.
D'Oualléne à Oum-gheunàne, également sept journées.

La route est partagée par ce qu'on appelle l'Oued-Mendamma, qui est à trois jours d'Oualléne et à quatre jours d'Oum-gheunàne. Entre l'Oued-Mendamma et Oum-gheunàne règne un plateau pierreux : c'est la montagne dite de Tanezroft. D'Oum-gheunàne à Mabrouk on compte cinq journées, ce qui donne d'Akabli à Mabrouk, en tout, dix-neuf journées, — soit 288 lieues, comme sur la carte de Brué. Richardson indique seize journées de marche, soit 192 lieues. **Prax et Renou** marquent 200 lieues : mais **M. Jomard** (voyage de Caillié) descend jusqu'au chiffre de 180. Par la comparaison de ces divers résultats il resterait démontré que notre voyageur fit partie d'une caravane qui ne s'avançait que lentement et subdivisait quelquefois les étapes. »

A la lisière du territoire de Mabrouk s'ouvre un autre désert aride et sans eau, qu'on traverse en une semaine pour arriver à Bir-bou-chebiah, qui est le magasin de la tribu des Kounta.

Les habitants de cette oasis sont bons, hospitaliers : ils ont de la probité et de la bonne foi, et passent pour Marabouts. Le pays est riche en blé et en riz, en fruits et en légumes de toute sorte : aussi le bien-être règne-t-il généralement dans les familles. La ville est entourée d'une ceinture de jardins où de nombreux canaux d'irrigation font pousser presque sans culture les fruits, les légumes et le cotonnier.

On a encore une journée de marche pour atteindre à la chapelle dite Zaouïet Sidil-Mokhtar, qui n'est à proprement parler qu'une station. Le marabout qui y réside, est un personnage qui ne manque pas de finesse, brave homme au demeurant et faisant à chacun bon accueil.

Tombouctou. De cette zaouïa à Tombouctou, il n'y a qu'une journée. Tombouctou, grande et belle ville, de quatre milles de longueur et d'une largeur équivalente, est la résidence du chef de l'État. Elle a le monopole du commerce de la contrée, et il s'y tient tous les jours un marché où viennent s'approvisionnier quantité de villes environnantes. Dans le pays, tous les individus, même le maître du pouvoir, portent des vêtements de cotonnade. Le sol produit en abondance du blé, du riz, des haricots et des fèves. Les Tombouctiens obéissent actuellement à une femme nommée Nanabir, qui s'est unie à son cousin par les liens du mariage.

Djenny. A peu de distance de Tombouctou, on s'embarque sur le Niger, et au bout de dix jours on pénètre dans une ville connue sous le nom de Djenny ou Jenny, résidence du gouverneur du district. Le Niger est une rivière peu profonde ; les barques qui sillonnent son cours sont très-petites, sans voiles, et ne se manœuvrent qu'à force de rames.

Bambara. Pour aller de Djenny à Bambara, on voyage six jours encore sur le Niger et puis vingt jours par terre. Bambara est, comme Tombouctou, une ville importante, très-riche et très-commerçante. Telle est la fertilité de son territoire, que le cotonnier, le riz, les fèves, tous les fruits, tous les légumes y viennent en pleine terre et comme sans culture. En fait de céréales, on n'y sème que le blé ; les plantes indigènes sont le *gouzzah*, le *naçab* et le *ha'fa*. A Bambara, les vêtements sont des tissus de coton.

La monnaie qui a cours dans le Soudan, consiste : 1° en coquillages, 2° en poudre d'or (teber). Les nègres emploient les coquillages pour les transactions peu importantes, et la poudre d'or pour les grandes spéculations, telles que le commerce du blé et la traite des esclaves. Chez eux, le mitkâl de poudre d'or vaut quatre réaux de la monnaie tunisienne.

Les Chamba et les Mkhadma. Après avoir quitté Bambara, on voyage quarante jours au milieu de tribus nomades dont toute la richesse consiste en moutons et en chameaux. Elles sont divisées en deux races, savoir : les Chamba et les Mkhadma. Les premiers mènent une vie errante et ne font aucun cas de l'agriculture ; les autres, au contraire, sont attachés au travail de la terre : ils récoltent des fèves, du riz et du blé en abondance, et possèdent plus de moutons et de chameaux que les Chamba.

En Nigritie, il y a deux manières de se servir de l'or (teber) : on le laisse en poudre ou l'on en fait des barres (sebaïk). La poudre vaut quatre réaux de la monnaie tunisienne, tandis que la barre n'en vaut que trois.

Nouni. La caravane est obligée de marcher quatre jours entiers sur le terrain occupé par ces nomades, avant de s'arrêter à un petit bourg qu'on appelle Nouni. En quittant cette étape, elle voyage trente-cinq jours au milieu de nations nègres qui ont adopté une existence vagabonde et n'ont d'autres habitations que des tentes faites avec des peaux de buffle.

Sakaï. En poursuivant sa marche au-delà, on arrive à Sakaï, chef-lieu d'un canton dont la superficie est évaluée à six milles de long sur cinq de large. Les naturels ont la peau noire. Grâce à la fécondité du sol, ils sont à l'abri du besoin, et les champs, comme les jardins, offrent même l'aspect de la prospérité. La culture du coton y est extrêmement facile. Presque tous les fruits des climats chauds s'y cueillent en abondance. La campagne est couverte de *Djeldjellâne* (espèce de millet). Le gouverneur, que l'on nomme Boudjine, exerce le pouvoir avec équité. Lorsqu'on s'éloigne de Sakaï, on parcourt pendant environ deux mois un espace immense où se développent des peuplades mobiles, qui cherchent çà et là des pâturages pour leur bétail. Le cheval et le chameau les ont habituées à méconnaître les distances.

MAÏKA. Après ce long trajet, on stationne à Maïka, petite bourgade qui mérite une mention, tant à cause de la variété de ses productions, que par l'aisance répandue dans la population. En fait de plantes des champs, on y distingue surtout le *bou-Kraïb* (?), le *zeïtane* (?) et les arbustes communs aux autres parties du Soudan citées plus haut. Le froment n'y est point rare, et le coton y vient naturellement.

Plus loin que Maïka on commence à s'enfoncer dans un désert qui ne peut être traversé en moins de trente jours. Ce désert est comme tigré de morceaux de terre où l'herbe accuse un semblant de végétation : il sert de patrie à quelques tribus de bédouins dont Maïka est le point de ravitaillement.

SAKAT. Une fois sorti de ces vastes solitudes, on aperçoit la dernière ville de la Nigritie, Sàkat, qui étend son autorité sur quelques peuplades disséminées au loin et campées sous des tentes de peau de buffle.

Au-delà du cercle de Sàkat commence en quelque sorte un autre monde : les hommes ont le teint rougeâtre. Les uns sont pasteurs et poussent devant eux des quantités incalculables de chameaux et de moutons; les autres font de la culture et récoltent, outre le blé, une espèce d'orge qui ressemble beaucoup à du froment.

SEBKET-CHANAQTHA. On voyage environ deux mois sur le territoire de cette nation, si différente des nègres sous plusieurs rapports, avant d'arriver à un grand lac salé qui s'appelle Sebket-Chanaqtha, et sur les bords duquel croissent le *bou-kraïb*, plante fort amère, et le *zeïtane* qui a un goût de sel très-prononcé. Il se fait chaque année un grand trafic entre les naturels et la population du Djebel-el-Qamra (mont de la lune). En échange du sel, qui manque dans leur pays, les habitants du Djebel-el-Qamra viennent offrir, à une époque fixe, des tissus de coton, du riz et du blé. Si, par hasard, leurs caravanes subissaient le moindre retard, on aurait à déplorer les plus grands malheurs; c'est ce qui arriva, dit-on, une certaine année. Ayant attendu pendant quarante jours

sans recevoir leur approvisionnement annuel , les gens du Sebka succombèrent par milliers à la misère et à la famine ; en sorte que les montagnards eurent toutes les peines du monde pour rappeler à la vie les familles qui restaient. Les limites du Sebket-Chanaqtha se perdent dans les sables d'un désert incommensurable et sans la plus légère trace de végétation. Il faut près de cinq semaines pour le traverser, parce qu'on n'y trouve de l'eau que dans quatre bas-fonds (bouqa'a). A l'extrémité du désert sont campées des peuplades au teint rouge et vêtues de gandouras en coton ; leurs habitations, qui voyagent avec elles, se composent de peaux de buffle cousues ensemble. Comme tous les Bédouins, elles se nourrissent de dattes et boivent du lait de chamelle. Çà et là , en avançant dans les terres, on aperçoit quelques petits champs de riz et de millet : ce qui prouverait que peu de gens dans cette région s'adonnent à l'agriculture proprement dite.

Une caravane met, en moyenne, quinze jours à parcourir d'un bout à l'autre le nouveau désert qui s'ouvre devant elle, ainsi qu'une mer sans horizon. Après ce pénible voyage, elle découvre les premières oasis qui dépendent du Djebel-el-Qamra et sont peuplées d'hommes à peau rouge. Ce n'est pas sans un sentiment de satisfaction qu'on y contemple le mouvement et la vie. Je n'ai rien de particulier à signaler sur cette région, attendu que les mœurs, les habitations et la nourriture y sont les mêmes que dans tout l'intérieur de l'Afrique.

Djebel-el-Qamra. C'est une montagne de couleur noirâtre et formant un pâté, qui dresse à l'Orient et à l'Occident deux cîmes voisines du ciel , tandis que la partie intermédiaire n'offre qu'une médiocre élévation. Quelques ruines considérables sont encore debout sur plusieurs points : on y reconnaît la main des païens (el-Djahilia). Aux quatre vents, la province des monts de la Lune est d'une étendue assez considérable. Parmi les plantes répandues sur son sol, j'ai remarqué une espèce de *halfa*, qui diffère notablement du *halfa* ordinaire (*stipa tenacissima*), si commun dans le Nord de l'Afrique (1).

A. Cherbonneau.

(1) Le halfa, *stipa tenacissima*, croît par touffes dans les sables calcaires ou dans les terrains à base calcaire non humides. On le trouve aussi en Andalousie.

CONSTANTINE

ET SES ANTIQUITÉS.

Constantine, chef-lieu de la division orientale de la régence d'Alger, portait le nom de *Cirta* ou *Kirta* du temps des Numides. Cette ville, dont l'origine va se perdre dans la nuit des siècles, est située à 81 kilomètres sud de la mer, et s'élève sur le plateau incliné d'un rocher qui fut détaché des montagnes voisines, d'autres disent soulevé de terre, par un effroyable cataclysme. Le ravin qui l'entoure en grande partie, et dans lequel se ruent en grondant les eaux de l'Oued-er-Roumel (la rivière du sable), en forme une presqu'île qui n'est abordable que par une langue de terre, du côté de l'Ouest. Il ne faut pas chercher ailleurs la signification de son nom primitif. *Cirta*, dans la langue numidique, désignait un rocher isolé : c'est le synonyme de *Kaf* ou *Kef*, expression arabe qui est devenue le nom de l'ancienne *Sicca Veneria*.

Tour à tour capitale de Syphax, de Massinissa, de Micipsa, d'Adherbal, de Juba le jeune; chef-lieu de la province romaine de Numidie, elle fut érigée en colonie par Jules César, pour récompenser le corps de partisans avec lequel Publius Sittius

Nucerinus lui avait rendu de si utiles secours pendant la guerre d'Afrique, et fut dès-lors appelée Cirta Sittianorum et Cirta Julia, jusqu'à ce qu'au IVe siècle elle reçût le nom de Constantine qui lui est resté (1).

De trois côtés, la ville est dominée par des hauteurs : au Nord-Est, c'est le Mecid ; au Sud, le Mansoura, et à l'Ouest le Coudiat-Ati, qui servit successivement de cimetierre aux Numides, aux Romains, aux Arabes, aux Berbères et aux Turcs. De chacun de ces points elle présente un panorama étrange, quelque chose d'inconnu, d'inexplicable au premier coup-d'œil, une cohue compacte d'habitations sans ordre et sans symétrie, comme des moutons et des agneaux couchés pèle-mêle dans une bergerie. Çà et là, quelques tourelles carrées pyramident au-dessus des toitures qui affectent la forme de barques renversées. Mais pas une terrasse : car les terrasses sont faites pour des hivers moins rigoureux.

Le géographe El-Bekri a surnommé Constantine *Belad-el-hawa* « la cité aérienne » ou plutôt « la ville du ravin, » puisque le mot *hawa* signifie en même temps *air* et *ravin*. Non moins hardi dans ses métaphores, le poète El-Abdéry (2) décrit ainsi la position exceptionnelle de Constantine : « Pareil au bracelet qui cercle le bras, le fleuve rugissant au fond d'un ravin taillé à pic, enserre la roche qui la supporte, et la défend comme les monts escarpés protégent le nid du corbeau *a'a-cem*. »

Nous pourrions encore, au profit du tableau, citer la manière pittoresque, quoique un peu hyperbolique dont un berbère représente la ville de Constantine au chef de l'armée musulmane, Sidi Okba-ben-Nàfé, lorsqu'il vint pour s'en emparer : « Le nid d'un aigle est moins inaccessible. Les habitants l'ont surnommée la cité aérienne. Groupés à l'orifice de ses citernes, les nuages se penchent pour y verser leurs eaux. Assise sur un immense bloc de granit, que la baguette d'un magicien semble avoir arraché des masses environnantes, elle se contente d'opposer aux assaillants le tumulte torrentueux du fleuve qui lèche ses fondements, en s'engouffrant

(1) *Afrique ancienne*, par d'Avezac, p. 182. (Voir l'*Univers pittoresque*).

(2) Voir le Mémoire que j'ai publié dans le *Journal asiatique*, numéro d'octobre 1854, sous ce titre : « *Notice et extraits du voyage d'El-Abdéry, à travers l'Afrique septentrionale, au VIIe siècle de l'hégire.*

dans un abîme profond de mille coudées. L'archer le plus robuste ne saurait atteindre le rempart avec ses flèches (1). »

Le choix d'un pareil emplacement n'a point lieu de surprendre les personnes qui ont parcouru la Mauritanie et l'ancienne Numidie. Presque toutes les villes antiques de la région du Tell, depuis Kef en Tunisie, jusqu'à Tlemcen dans la province d'Oran, occupent des lieux élevés, souvent même la cîme d'une montagne. Il ne faudrait pas aller bien loin pour en trouver un exemple. A cinq lieues, au Nord de Constantine, sur le bord du Roumel et dans un lieu appelé *El-Khrenrg* « la gorge, » se rencontrent des ruines dont la position offre une telle analogie avec celle de la résidence de Jugurtha, que les indigènes les ont appelées *Ksantina el-Kdima*, « l'ancienne Constantine, » désignation purement arbitraire d'ailleurs, puisqu'on sait à présent d'une manière positive que les ruines en question sont les restes de *Tuddis* ou *Tidde*, qui était un *vicus* dépendant de Cirta (2).

Dans la grande Kabylie nous avons le château des Beni-Hammad « *Kala'at Beni-Hammad*, forteresse redoutable qui domine un gros bourg construit sur le sommet d'un cône isolé. La plupart des villages du Jurjura affectent la même disposition. Sur la frontière de Tunis on remarque *Kala'at es-senan* « le château de la dent, » dont j'ai parlé dans l'histoire des Beni-Hafs (*Journ. Asiat., sept. 1849*). C'est le système de défense particulier aux habitants de ces contrées belliqueuses.

Les auteurs Grecs ainsi que les écrivains Latins sont avares de détails sur la topographie de la capitale des Numides. Strabon (*Liv. XVII, p. 852*) se contente de dire : « A l'intérieur du pays des Massœsiliens est placée Cirta, résidence royale de Massinissa et de ses successeurs, ville très-forte et magnifiquement ornée de toute sorte d'édifices et d'établissements qu'elle doit principalement à Micipsa. Par les soins

______

(1) Voir la *Prise de Tébessa par les Musulmans* (*Revue orientale et algérienne*, numéro de juillet 1852). J'ai publié la relation de cet événement d'après un manuscrit arabe dont les exemplaires ne sont pas rares en Algérie, et qui a été composé on ne sait à quelle époque, par un thâleb anonyme, sous le titre de *Foutouh Ifrikia*, conquête de l'Afrique. Ce n'est pas autre chose qu'un roman chevaleresque destiné à glorifier la naissance de l'islamisme.

(2) Consulter la Notice de M. le colonel Creully insérée au présent volume, page 84.

de ce prince, qui y établit aussi une colonie de Grecs, cette cité devint si peuplée, qu'elle fut en état de mettre sur pied dix mille cavaliers et le double de fantassins (1). »

De son côté, Salluste, pour désigner les plaines fertiles qui se déploient à l'Ouest et au Sud de la ville, écrit : *haud procul ab oppido Cirta campi patentes. (Bell. Jug. cap. 106-)* Ailleurs, il signale par un seul trait et comme en passant, l'importance militaire de la place : *Neque propter naturam loci, Cirtam armis expugnare poterat Jugurtha (Ibid. c. 25).* Hirtius, l'historien de la Guerre d'Afrique, dont j'emprunte la citation à M. Dureau de la Malle *(opus suprà laud. p. 41)*, consacre à la capitale de Juba Ier les expressions *oppidum ejus regni opulentissimum, (Bell. afric. c. 25).*

Mais, le dessin topographique que nous refusent les écrivains antérieurs à l'invasion musulmane, il convient d'en chercher les principaux traits dans les manuscrits des géographes arabes et dans les relations des voyageurs modernes. Edrisi, qui vivait au douzième siècle de l'ère chrétienne, et que nous connaissons par la traduction de M. Amédée Jaubert, a tracé une description de Constantine, qui l'emporte de beaucoup sur celle que nous devons à Léon l'Africain, et qui complète parfaitement la notice d'El-Bekri. En voici un passage dont l'exactitude mérite d'être prise en considération par ceux qui ont suivi des yeux le cours du Roumel : « Quant à la rivière, dit-il, elle vient du Midi, entoure la ville du côté de l'Ouest, et poursuit son cours vers l'Orient ; puis elle tourne vers le Nord, va baigner le pied de la montagne à l'Occident, et retourne de nouveau vers le Nord, pour aller enfin se jeter dans la mer. »

Edrisi est le seul auteur qui ait donné la carte, et pour parler plus nettement, la configuration de la ville en disant : « Elle est bâtie sur une espèce de promontoire isolé, de forme quadrangulaire ; il faut faire plusieurs détours pour y monter. On pénètre par une porte ouverte du côté de l'Ouest, dans l'intérieur de la place, qui n'est pas très-grande. » Il aurait pu ajouter qu'elle est bordée au Nord par un rempart épais, observation qui n'a point échappé à Léon l'Africain.

____

(1) Province de Constantine ; *Recueil de renseignements,* par M. Dureau de la Malle, p. 40.

A présent que le lecteur embrasse de ses regards la ville fondée si audacieusement, ou si l'on veut, si bizarrement par les premiers possesseurs de ce fertile pays, sur une surface calcaire dont l'inclinaison ne compte guère moins de 110 mètres, de la Casba à la pointe de Sidi-Rached, c'est-à-dire du Nord au Sud, il nous reste à examiner la question de savoir, si l'enceinte aérienne suffisait, à une certaine époque, comme moyen de fortification, et si l'énorme population dont parle Strabon, pouvait y être logée entièrement. Constantine est moins grande que ne le fut Cirta. Il y avait jadis une ville intérieure et une ville extérieure : la seconde plus étendue que la première, bien qu'elle n'en fût que le faubourg et l'annexe. C'est une notion qui ressort de l'inspection des lieux. En effet, par l'étude raisonnée des blocs de maçonneries, des pans de murs et des citernes épars sur le sol, comme les anneaux d'une chaîne subitement dénoués, on peut deviner que Constantine n'a pas toujours été emprisonnée dans les remparts que nous voyons aujourd'hui, et qui semblent une exagération de ceux qu'un bouleversement de la nature lui avait préparés, en séparant son rocher du Msid et du Mansoura. Elle s'étendait à l'Ouest, depuis le four à chaux de M. Amat jusqu'à Bellevue, près du cimetière musulman; au Sud-Ouest, jusqu'au Bardo ou quartier de cavalerie ; et elle embrassait la colline du Coudiat-Ati ainsi que le bas-fond de la rive gauche du Roumel « l'Ampsagas des anciens » dans un système de murailles interrompues et tellement dégradées, qu'elles sont réduites actuellement à des tronçons que semble avoir englouti la végétation luxuriante de ce site extraordinaire.

Au rapport de saint Optat, un faubourg considérable, du nom de *Mugœ*, touchait à la métropole de la Numidie. Mais on ne sait pas au juste si l'évêque de Mila a voulu parler du village bâti à Sidi-Mabrouk, autour de cette basilique qui ne marque plus sur le sol que la régularité de son plan avec les premières assises de l'abside et des deux chapelles latérales pavées en mosaïque. Un acte des martyrs de Numidie, cité par Ruinart, p. 223, fournit d'ailleurs le nom de *Mugas* qui doit être le même que *Mugœ*. M. Dureau de la Malle n'a point hésité à le placer dans le voisinage de Constantine, et c'est une conjecture que légitime, selon moi, l'assertion de saint Optat. Voici maintenant une autre preuve qui n'est point à dédaigner. A Rome, la porte qui s'ouvrait sur le Mar-

ché aux bœufs s'appelait *Mugonia,* du mugissement des troupeaux. Or, la tradition dit que de temps immémorial les troupeaux destinés au ravitaillement de la ville furent parqués et
gardés sur le plateau du Mansoura.

Pendant l'occupation Berbère, à l'époque où florissait la
dynastie des Beni-Hafss, Constantine qui était après Tunis, le
plus beau fleuron de leur couronne, et qui eut même l'honneur de voir naître plusieurs de leurs rois, possédait un faubourg dans le triangle compris entre la roche des martyrs, la
pyramide Damrémont et le marché Kabyle. Le fait nous est
attesté par une note d'In-Bathouta. « En 725 (de J.-C. 1325),
dit le voyageur de Tanger, nous nous arrêtâmes près des murs
de Constantine : mais une pluie torrentielle étant venue trou-
bler notre sommeil, nous fûmes obligés, au milieu de la nuit,
de chercher un refuge dans des maisons voisines « *ila daur
hounalik* (1). »

Toutefois les siéges nombreux, que dans ces siècles de luttes
acharnées Constantine eut à soutenir contre les ennemis de
la famille Hafsite, dûrent plus d'une fois apporter la destruction dans l'emplacement qui commandait l'issue principale ; et ce ne fut que sous le gouvernement des Turcs
qu'on releva tout-à-fait le quartier extérieur, assigné particulièrement aux ouvriers et aux marchands kabyles, tels
que taillandiers, tisserands, huiliers et fabricants de nattes.
On y voyait naguère des fondouks, quelques *sebbalâ* ou fontaines publiques, des *msalla* ou oratoires en plein vent, et
trois mosquées, à savoir : Sidi-El-Hilouf, Sidi Ali-El-eu'djâl et
Sidi Bou-Koceïa. Ces maisons de prière « *biout es-salât* »
étaient de second ordre ; le prône « *khotba* » ne s'y lisait
point le vendredi. Mais on y enseignait. Nous connaissons des
tholba qui ont suivi dans la salle de Sidi El-Hilouf, à côté
de la porte Djabia, le cours de jurisprudence professé par le
cheikh El-Abbassi.

Les deux autres mosquées s'élevaient, l'une, sur la pente
méridionale du Coudiat-Ati, le long de l'ancienne route de
Sétif ; l'autre, en face et à quelques pas seulement de la
Porte Valée. Celle-là, qui portait le nom de Bou-Koceïa, élançait

______

(1) *Voyage du cheikh Ibn-Bathouta à travers l'Afrique septentrionale,
au commencement du XIVe siècle,* par l'auteur de la présente notice,
p. 7 du tirage à part. — *Ibn-Bathouta,* texte et traduction, par C. De-
fremery et le Dr B. R. Sanguinetti, t. i, p. 18.

dans les airs un élégant minaret qu'on pouvait apercevoir du Sôma'a (1), et même de plus loin, lorsque l'atmosphère était pure et limpide. Quant à Sidi Ali-El-eu'djâl, que les indigènes ont surnommé *Sidi Ali Mousekket El-toboul*, parce qu'une vieille tradition imposait silence à la musique du Bey, toutes les fois qu'il passait en cet endroit avec son cortége militaire, c'était la chapelle d'un marabout très-vénéré.

En 1836, le bey Hadj Ahmed voulant rendre impossible une nouvelle attaque des Français contre la capitale dont il s'était proclamé le souverain indépendant après la chûte du Pacha d'Alger, fit raser le faubourg, à l'exception du minaret de Sidi Bou-Koceïn et de la *Sebbâla* au pied de laquelle devaient être enterrés, un an plus tard, les officiers tués sur la brèche de Constantine.

Maintenant, avant de promener notre curiosité au milieu du parallélograme presque suspendu dans les nuages, que les compagnons d'Afrikech, eurent l'idée diabolique de transformer en un centre de population destiné à manquer des choses les plus nécessaires à la vie, l'eau, l'espace et l'ombre, accordons un regard aux monuments romains qui décoraient les abords de la cité, et qui sont loin de démentir son antique renom.

Le plus consibérable, comme aussi le mieux conservé, est l'aqueduc situé à 1,200 mètres environ de la pointe de Sidi Râched, dans la direction du Midi et un peu au-dessus du confluent du Roumel et du Bou-Merzoug. Les restes de cet édifice qui traverse une étroite vallée, se composent de six arceaux en pierre de taille, dont le plus élevé n'a pas moins de vingt mètres de hauteur. Il servait de trait-d'union entre le Djebel-Guérioune et le Coudiat-Ati, et jetait dans les réservoirs de cette dernière colline les eaux de Râs-bou-Merzoug (2), après les avoir conduites, tantôt sous terre, tantôt à ciel ouvert, jusqu'à leur destination.

Rapprochons-nous du ravin et parcourons l'étroite et longue

(1) Monument romain en ruines, sur les hauteurs de la rive droite du Bou-Merzoug, à 16 kilomètres Sud-Est de Constantine. En Algérie, le mot *sôma'a* signifie minaret.

(2) Le Râs-bou-Merzoug est une source abondante qui se trouve sur le versant septentrional du Djebel-Guerioune, à l'Ouest de Sigus (territoire des Segnia, *Siguenses*).

plaine qui s'étend au-dessous du cimetierre français, depuis
El-Kantara jusqu'à la butte qui regarde la saouia des Oulad
Na'amoun. Là, nous apercevons au milieu d'un gazon plantureux
les vestiges d'un arc de triomphe décrit par plusieurs voyageurs, et qui devait ressembler à ceux qu'on remarque à
Lambèse et à Tamugadis. Peyssonnel en fait la description
dans les termes suivants : « Trois grandes portes le forment :
celle du milieu a environ 25 pieds de large; les autres sont
proportionnées, mais plus petites. On n'y voit ni bas-reliefs
ni inscriptions. » Quelle que soit l'origine de ce monument,
on est porté à croire qu'il occupait l'extrémité d'un hippo-
drôme parallèle à l'encaissement du Roummel, et bordé par une
muraille qui soutenait les terres de l'étage supérieur. L'ignorance des musulmans, trop souvent prise pour de l'imagination, avait doté l'arc-de-triomphe du nom de *Kasr-el-Ghoula*,
« le château de la fée malfaisante. »

Des légendes s'y rattachaient, et c'étaient des légendes ter-
ribles. Enfin Salah-bey vint, qui, peu sensible à toute cette
poésie populaire, fit démolir un portique inutile à ses yeux,
et en offrit les meilleures pierres à l'ingénieur Génois chargé
de la reconstruction du pont. Soixante ans plus tard, le reste
des matériaux fut employé par le Génie militaire aux deux
fontaines qui avoisinent l'entrée de la ville.

Partant de ce point nous pouvons arriver directement à un
endroit devenu célèbre dans les fastes du christianisme. A
moins de cent mètres de la passerelle jetée sur le goufre
« *radïr* », et sur la même ligne que le rempart occidental, se
dresse une roche plane et presque perpendiculaire, sur laquelle
est gravée l'inscription des martys Jacques, Marien, Bictor
(Victor), Egyptus, etc., humbles jardiniers « *hortensium* »
de la banlieue, qui eurent le courage de mourir pour la foi.
Déjà le temps a altéré les caractères latins de cette épigraphe,
si intéressante pour la nation qui est venue planter la croix
dans cette patrie du fanatisme. Ne serait-il pas possible de
bâtir là une petite chapelle, un hermitage qui la mette à
l'abri sans la dérober au regards, qui puisse même la désigner
au passant ? Est-ce qu'il ne nous importe pas de prouver à la
population indigène que la religion du Christ a régné dans les
murs de Constantine avant celle de Mahomet, et que nous
avons autant de respect pour nos saints qu'ils ont de dévotion
pour leurs marabouts ?

Mais je sens que je m'éloigne de mon sujet. Il s'agit de lire au milieu des ruines et non de déclamer.

Au temps des Romains, le rocher qui supporte la ville avait un autre aspect : il n'était point masqué dans sa partie inférieure par d'énormes talus de terre et de décombres. Le tombeau de l'orfèvre Præcilius (1), découvert le 15 avril 1855, au pied de la tour carrée dite *Bordj Açous*, démontre qu'en cet endroit on pouvait compter au moins 30 mètres entre le sol primitif et les premières assises de cet édifice. De Djabia à Sidi Rached, la même remarque peut être faite.

Cinq ponts donnaient accès à la ville. Deux autres traversaient le Roumel : l'un en amont, à cent pas de l'endroit où ce fleuve reçoit les eaux du Bou-Merzoug ; l'autre en aval, au bout de la prairie, qu'on appelle le Ménia. Six de ces ponts sont en ruines, et les amateurs d'antiquités admirent surtout les piles encore debout de celui qui occupe à peu près le milieu du ravin, au Sud-Est. Un seul est encore utilisé de nos jours et facilite les communications avec la campagne. On sait que dans la partie orientale, et pour parler plus exactement, à l'Est-Nord-Est, le ravin est recouvert par trois voûtes

---

(1) Cette tombe, qu'on a retirée d'un caveau construit en larges briques, forme une auge de plus de deux mètres que recouvrait une pierre de même dimension. On lit sur le bord du couvercle l'inscription suivante, qui n'est pas moins curieuse sous le rapport du style et de l'orthographe, que par la confession originale dont elle est l'expression. L'honnête centenaire qui eut le bonheur et la satisfaction, ainsi qu'il l'avoue, de la composer quelques instants avant de perdre la vie, ne conservait plus, assurément, qu'une notion vague et confuse de sa langue maternelle. Il mourut sans se douter que son esprit avait subi le même sort que ses membres *(inania)*.

HIC EGO QVI TACEO VERSIBVS MEA VITA (sic) DEMONSTRO LV-
[CEM (sic) CLARA FRVI
TVS ET TEMPORA SVMMA (sic) PRAECILIVS CIRTENSI LARE ARGEN-
[TARI
AM EXIBVI ARTEM FYDES (sic) IN ME MIRA FVIT SEMPER ET VE-
[RITAS OMNIS OM
NISBVS (sic) COMMVNIS EGO CVI (sic) NON MISERTVS VBIQVE RI-
[SVS (sic) LVXVRIA SEMPER FRVITVS CVN (sic)
CARIS AMICIS TALEM POST OBITVM DOMINAE VALERIAE NON INVE-
[NI PVDICAE VITAM CVM POTVI
GRATAM HABVI CVN (sic) CONIVGE SANCTAM NATALES HONESTE
[CENTVM CELEBRAVI FELICES
AT VENIT POSTREMA DIES VT SPIRITVS INANIA MEMPRA (sic) RE-
[LIQVAT (sic) TITVLOS QVOS LEGIS VIVVS MEE (sic)
MORTI PARAVI VT VOLVIT FORTVNA NVNQVAM ME DESERVIT IPSA
[SEQVIMINI TALES HIC VOS EXOPECTO (sic) VENITAE (sic)

naturelles. C'est sur l'extrémité de la plus large et à l'endroit
où le Roumel disparaît pour la première fois dans un gouffre
de 35 à 40 mètres de profondeur, que repose le pont dit *El-
kantara*. Ce bâtiment, tel qu'on le voit aujourd'hui, a été
relevé en 1788 et 1789, sous la principauté de Salah-bey,
par un ingénieur italien. Il est à deux étages. L'étage inférieur
compte deux arches, dont l'une, celle du côté de la ville, a
été murée, on ne sait à quelle époque. Ces deux arches sont
soutenues par trois piliers dont la structure est évidemment
romaine, depuis la base jusqu'à la corniche. Au haut du pilier
mitoyen, l'œil distingue une pierre d'un travail grossier qui
représente deux éléphants face à face et dans l'attitude de la
lutte; au-dessus de ce groupe que revendique sans doute l'ancien cirque de Cirta, et qui semble être d'une époque fort reculée, figure l'image sculptée d'une femme vêtue si légèrement,
qu'il est facile de deviner sous les draperies le modelé de son
corps (1). Seulement, dans l'intervalle compris entre ces bas-
reliefs et le sommet du pilier, qui est lui-même écorné, on voit
des replâtrages modernes attestant qu'elles ont été encastrées
postérieurement.

Pour relier ce pont inférieur à la berge du ravin, il existe du
côté de la campagne une arche interrompue vers le milieu par
les angles saillants du rocher. Du côté de la ville, une légère
amorce d'arcade, qui est loin d'être en harmonie avec l'ensemble de l'ouvrage, supporte la partie supérieure de l'édifice.
Un peu plus haut que le pilier extérieur, on remarque un
fragment de bâtisse romaine qui se termine à une petite corniche. J'ai compté quinze assises entre cette corniche et la
corniche du pilier.

Quant au second étage, qui s'élève à 16 mètres de l'étage
inférieur, il se compose de quatre arches. Les deux du milieu
correspondent à celles du bas; mais leurs voûtes sont en ogive,
tandis que les deux latérales sont à plein cintre et visiblement
plus larges. L'arche ouverte dans la direction de l'ancienne

—————

(1) La femme et les éléphants sont non-seulement d'une époque, mais
encore d'une exécution différente. Elles ne se sont rencontrées sur la
façade du pont que par l'effet d'un caprice de l'architecte chargé des
réparations.

Il est à remarquer que la coquille dessinée par le docteur Shaw, en manière d'éventail ouvert, au-dessus de la tête de la femme, ne figure pas
dans le bas-relief.

route de Smendou (1), est établie sur une pile qui, elle-même, adhère au roc et n'a que treize assises, y compris la moulure. Il y a encore au-dessus une dixaine d'assises qui vont s'encadrer assez irrégulièrement dans la maçonnerie moderne. A la partie opposée, quatre rangs de pierres romaines soutiennent la courbe de la dernière arcade. Enfin, au temps du peuple-roi, l'édifice devait avoir, près de la terre ferme (2), un arceau de plus, comme l'indique les restes d'une bâtisse parfaitement conservée. La hauteur totale du pont ne va pas à moins de soixante-cinq mètres : le tablier a soixante mètres de longueur.

La cause de la destruction des ponts du Roumel est encore mise en question : les uns l'attribuent au temps et à l'abandon dans lequel on les a laissés ; les autres en accusent les Vandales. Ceux qui se croient le mieux informés, la font remonter aux guerres de Kahina, la reine héroïque des Berbères, dont le vrai nom était Damia bent-inkâk. Voici les documents sur lesquels ils appuient leur assertion. Si-Ahmed-ben-el-Mobarek fait observer dans son histoire de l'abrégé de Constantine (3) que, si les fortifications de cette place sont en mauvais état, il faut en accuser la négligence des souverains arabes, qui ont malheureusement oublié trop souvent qu'elle occupait le centre du pays des Berbères, de ces Berbères dont les ravages sont bien connus dans le Nord de l'Afrique.

Au dire du chroniqueur Abd-errahman-ben-ziad, l'Afrique qui, depuis Tanger jusqu'à Tripoli, ne formait qu'un immense jardin parsemé de villes, de villages et de colonies agricoles, fut entièrement saccagée et réduite en cendres par Kahina.

Un autre historien, Ibn-abi-dinar, rapporte que cette reine, pour préserver l'indépendance du pays contre le torrent envahissant des armées du khalife Abd-el-Mélik, commandées par Hassan-ben-Naaman, ranima le courage de ses sujets en leur disant : « La terre suffit à vos besoins. Il y a dans son sein de quoi vous nourrir, vous et vos troupeaux. Les Arabes, au

----

(1) Les chemins qui mènent au littoral, ainsi que les routes venant de l'Est, aboutissent à la porte d'El-Kantara. A côté de cette issue, le long des murs de la ville, serpente au Nord-Est une rampe en mauvais état, qui conduit au sommet de la première voûte naturelle dont nous avons parlé précédemment.

(2) Il ne faut point oublier que Constantine forme une presqu'île.

(3) *Tarikh bled Ksantina*, p. 4.

contraire, ces brigands venus de la contrée où se lève le soleil, recherchent les villes: ils ont soif d'or et d'argent ; ils veulent des maisons et des palais. Prenez du fer et des torches! Abattez les arbres; renversez, brisez et brûlez les édifices qui couvrent le sol ! Que l'ennemi ne trouve plus ni ombre ni abri ! » C'est à cette époque qu'elle essaya d'assiéger Constantine ; mais elle ne réussit qu'à démolir quelques-uns de ses ponts et à démanteler d'autres ouvrages extérieurs.

Quelque vraisemblance que comportent ces récits, le témoignage d'Ibn-Konfoud (1), historien de Constantine et natif de cette ville, offre plus de garanties. Aussi me paraît-il nécessaire de le reproduire ici textuellement. « Ben-el-émir, dit-il, avait à peine été nommé caïd de Constantine, qu'il se déclara indépendant et prêcha la révolte contre l'Emir Khaled, en l'année 704 (de J.-C. 1304). Lorsqu'il apprit que son souverain quittait Bougie et s'avançait à la tête d'une armée formidable, il fit démolir les ponts de la ville.... »

C'est donc au commencement du quatorzième siècle, et non à l'époque de l'invasion musulmane, que ces constructions furent abattues.

Il y avait jadis six portes à Constantine. Deux de ces issues, Bab-er-rouâh et Bab-el-héninecha, avaient été supprimées longtemps avant la conquête ; une troisième, Bab-el-Djedid « la porte neuve, » qui touche à l'hôtel du Trésor, fut condamnée peu de temps après que la place tomba en notre pouvoir. Bab-er-rouâh « la porte du vent (2) » regardait le Nord : on n'y montait qu'avec une grande difficulté par les pentes naturelles « el-medâredj. » Si-Ahmed-ben-el-Mobarek, dont la mémoire et le jugement en matière d'archéologie sont loin de m'inspirer une confiance médiocre, assigne

<hr>

(1) Ahmed-ben-Haçan-ben-Ali-ben-el-Khatib-ben-Konfoud naquit à Constantine vers le milieu du XIV⁴ siècle, et occupa un emploi à la cour du roi hafsite El-Fârès. C'est en l'honneur de ce sultan qu'il écrivit le livre intitulé : *El-Faresia fi mouboudi ed-daula el-hafsia* « la Farésiade ou commencement de la dynastie des Béni-Hafs. » — (Voir la Notice et les quatre extraits que j'en ai publiés dans le *Journal asiatique*, 1849, 1850 et 1851).

(2) *Rouah* est un substantif dérivé de la racine *rah*, futur *irouh*, qui signifie à l'actif *souffler fort; atteindre, agiter* (en parlant du vent), et au neutre *être secoué par le vent « rah. »* La cinquième forme est *terouwah* « recevoir un coup d'air ; » nom d'action *terouiha* « coup d'air. » Du mot *rouah* est venue l'expression *merouaha* « éventail. »

8

comme position à cette poterne la partie du rempart qui domine les thermes de Sidi-Mimoun (1).

L'authenticité de ce renseignement est d'autant moins contestable, qu'elle est justifiée par une note très-détaillée dont je dois la communication à M. le commandant Foy, et que je reproduirai en substance. « Bab-er-Rouâh était une poterne ouverte au-dessus du bain, dans un mur romain construit en ce point pour fermer une large fente de l'étage supérieur des escarpements qui formaient de ce côté la défense du Capitole. De l'intérieur on arrivait à la poterne par un escalier en pierres de taille, et au-dehors à Sidi-Mimoun, soit par des rampes tracées dans les talus qui séparent les étages successifs, soit par une série de marches étroites taillées dans le rocher, et dont on retrouverait encore aujourd'hui les traces. Le Génie militaire a fait déblayer, en 1838, l'escalier donnant intérieurement accès à la fausse porte. Tout cela a été remplacé par le mur de fortification qui constitue l'enceinte de l'hôpital, à l'Ouest. »

Entre la porte Djabia et la pointe méridionale de la ville, appelée Sidi-Rached du nom d'un marabout qui y fut enterré, existait avant l'avénement de Salah-bey, la porte du Tunnel « heninecha, » dont l'utilité sera expliquée plus loin.

A l'exception de Bab-el-djabia, les portes qui subsistent encore ont subi de grandes modifications pour la sûreté de la place. Celle d'El-Kantara, par exemple, était percée primitivement sur le pont de Salah-bey : mais l'assaut donné par notre armée sur ce point, quoique sans résultat, fit comprendre au bey Hadj-Ahmed qu'il était plus prudent d'en masquer la baie en la dirigeant vers le Sud.

Au dire des historiens, Bab-el-oued « la porte de la rivière » fut de tout temps l'entrée principale. C'est un fait qui ressort de la note suivante que j'extrais de l'ouvrage d'Ibn-Konfoud (2) : « L'émir Khâled assiégea Constantine durant plusieurs mois ; enfin on entama des pourparlers à Bab-el-Kantara.... Ben-el-émir quitta alors Bab-el-oued, où il surveillait la défense, et se rendit au quartier d'El-Kantara afin

(1) Sur la droite et un peu au-dessus des moulins Lavie, jaillissent du rocher des eaux thermales dont les Romains avaient fait un bain. On descend plusieurs marches pour arriver au bassin, qui est recouvert d'une voûte en pierre de taille comme les étuves de la ville.

(2 La Faresiade, ou commencement de la dynastie des Beni-Hafs.

de voir par lui-même ce qui se passait.... Mais, pendant ce temps-là, on ouvrait la porte de la rivière, et le Sultan faisait son entrée, monté sur une grande mule et la couronne en tête, aux applaudissements de la population. Cet événement se passait en l'année 704 (de J.-C. 1304) (1). »

Bab-el-oued occupait à peu près la même place que la porte Valée, et elle était orientée de la même manière. Au second siége de Constantine, les deux batteries de brèche avaient été établies, l'une un peu en avant de la pyramide Damrémont, l'autre à la rencontre des deux routes de Sétif et de Batna. Or, de là on ne pouvait pas plus voir Bab-el-Oued, qu'on ne voit aujourd'hui la porte Valée. La brèche avait été ouverte dans la partie du rempart comprise entre le flanc gauche du bastion de la place de la Brèche et l'alignement de l'extrémité Nord du grand pan de mur romain, qui est encore debout à l'angle Sud de cette place.

Les eaux qui alimentaient le faubourg et la ville étaient amenées, ainsi que nous l'avons dit précédemment, de la source du Bou-Merzoug par un aqueduc, en partie apparent, en partie souterrain. Ce canal conducteur traversait les hauteurs en y formant une galerie en manière de carène, et, pour franchir la vallée où le Roummel entraîne son affluent, il passait sur une rangée d'arcades, à 22 mètres du sol. De là, il arrivait à la crête du Coudiat-Ati, où des citerneaux et des citernes recueillaient le liquide avant de le distribuer dans la ville par les conduits, que des fouilles récentes ont fait découvrir le long du marché aux grains, et à quelques pas seulement de l'ancien amphithéâtre, désigné par les indigènes sous le nom de *fondouk-er-roum* « le caravansérail des chrétiens (2) »

La tradition populaire appelle *El-maukof* le tétrapyle qui surplombe l'extrémité de la rue Cahoreau et la rue Combes, à la hauteur des selliers « *souk es-sarradjine.* » Que ce mot signifie *la station, le portique debout*, ou qu'il présente une altération de la phrase *el-ma wokof* « l'eau s'est arrê-

<hr>

(1) Voyez mon deuxième extrait de *la Farésiade (Journal asiatique,* p. 23 du tirage à part.)

(2) Les antiquaires ont pu hésiter quelque temps sur la position de ce monument : mais le doute n'est plus permis aujourd'hui que le Musée possède le magnifique piédestal qui en faisait l'ornement, et sur lequel on lit : AMPITEATRI.

fée, » ou pour mieux dire « *c'est ici que l'eau s'arrête*, » nous n'avons là-dessus que des données vagues et incertaines. Ce que nous recherchons, c'est l'endroit où se déversait le tribut du Bou-Merzoug : car, si nous sommes bien informé, les citernes sont plus rares dans la partie méridionale de Constantine. Or, le nom de la porte pratiquée dans le rempart à peu près à mi-côte, entre la Brèche et le Gouffre « *el-radir*, » confirmé d'ailleurs par l'examen des ruines qui couvrent l'esplanade extérieure, nous apprend que le trop-plein des réservoirs du Coudiat-Ati venait former en cet endroit une nouvelle provision d'eau, tant pour les habitants du quartier que pour les bêtes de somme. Les Arabes entendent par *Djabia* une piscine, un abreuvoir « *aquarium*. »

A moins cependant que les masses de béton séparées de cinq mètres en cinq mètres par des pierres de grand appareil, et traversées actuellement par le sentier tortueux qui descend à l'abattoir, n'aient une relation directe avec l'inscription latine trouvée au milieu, et dont voici le reste :

..NSIONES

·ETVLARVM

Il faudrait alors admettre que cette construction avait une toute autre destination, et servait de casernement aux Gétules, « *Mansiones Getularum*. »

Il y a des personnes qui supposent que l'eau de Ras-bou-Merzoug pouvait être amenée à Djabia, mais non au Coudiat-Ati. Par conséquent, les citernes de cette colline, qui ne paraissent pas avoir eu une dimension considérable, auraient été creusées dans le but de recueillir les eaux pluviales de Bellevue, et de les distribuer un peu plus bas.

Les énormes citernes de la Kasba tiraient en partie leur approvisionnement du Djebel-Ouahache, qui se dresse dans les nuages à 12 kilomètres de la ville. Ce qui prête une grande valeur à cette assertion, ou plutôt, ce qui la met hors de doute, c'est la découverte faite en 1845 par le Génie militaire d'une rigole « *sékia* » en briques et en moellons équarris, sur les plateaux qui s'étendent entre le Msid et le Mansoura. Mais comment et de quel côté l'eau franchissait-elle le ravin pour pénétrer dans la ville ? Elle s'amassait dans les citernes du cimetière français, peut-être le château d'eau du Djebel-ouahache, et de là elle s'écoulait, en décrivant un siphon, jusqu'à l'aqueduc dont une pile, la seule qui ait été épargnée, se dresse encore comme un témoin irrécusable, sur une pointe des rochers inférieurs du ravin. L'aqueduc correspondait avec le quartier des potiers « *el-Kalláline.* » En effet, on y rencontre à chaque pas, depuis la rue Bab-el-oued jusqu'à la rue Abd-el-hadi, des réservoirs parfaitement murés, et d'une capacité monumentale.

Ces ouvrages d'utilité publique ayant plus tard fixé l'attention de l'ennemi pendant un siège opiniâtre, furent presque complétement détruits. A quelle époque? Aucun document écrit ne l'indique d'une manière positive; mais il est permis de supposer que ce fut lors de l'invasion des Vandales, puisque ce peuple barbare, dont l'histoire a flétri le nom, promena le ravage et la dévastation des bords de la Baltique jusqu'à la zône des déserts africains, ne laissant debout ni monumens ni pierres. Si l'on rejetait cette hypothèse, comme trop hasardée, nous pourrions alléguer à titre d'argument, le massif de maçonnerie adhérent au rocher sur lequel s'appuie la nouvelle passerelle. Cet ouvrage informe, mais d'une solidité peu commune, doit avoir été établi par les Vandales dans le but de ralentir le cours du Roumel, d'obtenir en toute saison une masse d'eau considérable pour les besoins de la ville, et de donner en été des chasses d'eau pour entraîner les immondices qui s'amassent dans le ravin et y entretiennent un foyer d'infection. On est d'autant plus porté à leur en attribuer la construction, qu'à peine maîtres de Constantine, ils commencèrent à souffrir eux-mêmes de la soif, et durent regretter d'avoir anéanti la plus précieuse des ressources sous un climat de feu. Le premier expédient qui s'offrit à l'imagination de ces hommes ignorants et grossiers, fut sans doute de former au bas de Sidi-Rached un vaste bassin, où, suivant la méthode usitée encore chez les Arabes, ils allaient puiser de l'eau dans des outres portées à dos de mulet. Ainsi retenu par cette clôture transversale, le fleuve ne pouvait s'engager dans le ravin qu'à l'aide d'une vanne ménagée dans le mur de barrage, et faisait par conséquent remonter ses eaux jusqu'à la petite esplanade de l'abattoir et même jusqu'au palmier du Bardo.

Lorsqu'il s'agit de fixer la date d'une construction qui se rattache à de grands événements, il ne faut négliger aucun détail. Or, nous avons distingué et déchiffré parmi les pierres enclavées dans le bétonnage de l'écluse du gouffre « *el-radïr* » un fragment d'inscription latine qui provient évidemment d'un édifice important : donc le barrage du Roumel est postérieur à la défaite des Romains par les Vandales. D'un autre côté, personne n'ignore que les Arabes ainsi que les Berbères, qui vinrent dans les siècles suivants occuper le pays, étaient étrangers à l'usage du béton.

Ces faits étant admis, il resterait encore un problème à résoudre, à savoir : combien de temps dura l'écluse, quand et par qui elle fut démolie, quels moyens inventèrent les Constantiniens pour approvisionner d'eau chaque jour un centre de plus de vingt-sept mille âmes. Voici les renseignements que nous avons recueillis *de visu*. Il est peu probable que le Roumel ait respecté pendant une longue suite d'années l'obstacle opposé à son impétuosité. Les pluies et la fonte des neiges communiquant à ses flots une force que centuple la pente peu ordinaire de son lit, il dut culbuter et rouler dans les anfractuosités du ravin un morceau du barrage, afin de se frayer un passage plus large et plus libre; la preuve de ce fait est que la partie ruinée, ou plutôt enlevée, se trouve précisément être celle de gauche, c'est-à-dire celle qui avait à supporter le premier élan des flots. Alors disparut l'immense nappe d'eau: le bassin demeura vide, et Constantine n'eut plus d'espoir qu'en ses citernes, en cas d'hostilité. N'est-ce pas à cette époque qu'il convient de placer la construction du tunnel « *henine-cha* » qui descendait de *Kharbet-et-tïna* « l'écurie du figuier » au gouffre, et dont un historien moderne fait ainsi la description : « Lorsque la conduite des eaux fut interrompue par la détérioration du canal, on bâtit une muraille depuis la porte Djabia jusqu'à l'endroit où le Roumel se précipite entre les deux escarpements du ravin. Au-dessus, fut posée une voûte dont la solidité pouvait mettre les passants à l'abri des projectiles. Puis, afin d'éviter l'encombrement, on ménagea deux voies à l'intérieur de ce couloir : l'une donnait passage à ceux qui descendaient à la rivière, l'autre aux personnes qui remontaient. Mais Salah-bey qui cherchait partout des pierres toutes taillées pour les édifices, dont l'exécution occupa les dernières années de son gouvernement, ne vit dans le *heni-necha* qu'une carrière facile à exploiter, et il le fit disparaître pièce à pièce. »

Ce qu'il y a d'incomplet dans ces données peut être aisément rectifié par la remarque suivante. A mi-chemin , entre
Bab-el-djabia et le cap de Sidi-Rached , il existait une construction analogue à celle de Bab-er-rouàh. Là aussi , est un
point où la continitué de l'escarpement est interrompue par
une large fente; on avait rétabli cette continuité par une
muraille s'appuyant des deux côtés à la masse rocheuse , et
au pied de laquelle avait été ménagée une poterne qui per-
mettait aux gens du quartier méridional d'aller au Roumel ,
sans remonter à Bab-el-djabia. L'an dernier, on n'apercevait
là qu'une terrasse basse soutenue par une tête de mur, le
talus d'immondices ayant masqué les assises inférieures. Mais,
lors des grandes pluies de l'automne de 1854, un égoùt voisin
s'étant engorgé, les eaux se sont précipitées sur la terrasse,
dans les terres profondément imbibées , ont ouvert une grande
brèche dans la maçonnerie et mis à découvert les deux pié-
droits de la poterne dont la voùte a disparu. Le déblai, et pour
parler plus clairement, le nettoyage n'a pas été assez complet
pour permettre de voir comment par cette issue on rentrait
dans la ville.

Avant de quitter un sujet intéressant sous tant de rapports,
et qui a trait à un des premiers besoins de la ville , qu'il me
soit permis d'insérer ici un passage d'Ibn-Konfoud qui montre
une fois de plus, quel était le principal moyen d'attaque contre
Constantine : « En 584 (de J.-C. 1189), Ali-ben-ishak-ben-
Rànïa-El-miorki (1) s'étant rendu maître d'une partie de
l'Ifrikïa pendant l'absence du sultan El-Mansour (2), essaya de
s'emparer de Constantine en lui coupant l'eau « *bi-katha' el-
ma a'n-ha.* » Dans cette circonstance critique , les assiégés
eurent recours à l'intercession du cheikh Abou'l-haçan-ali-
ben-Makhlouf (3). Touché par les prières du marabout, Dieu
fit tomber du ciel une pluie torrentielle qui gonfla la rivière

(1) Cet Ali-ben-Ishak, le Majorcain, fit beaucoup de mal en Afrique
pendant que Iakoub-el-Mansour était occupé en Andalousie Il mourut
en 633. (Voyez l'*Histoire de l'Afrique,* par Ibn abi-dinar, traduction de
MM. Pélissier et Rémusat, p. 201).

(2) L'émir Iakoub-el-Mansour fut le meilleur prince de la dynastie des
Almohades. En 585 (suivant Ibn-Konfoud, ce fut en 584), il passa en
Andalousie, prit Santarin et Chebouna, causa de grandes pertes à l'ennemi
et ramena 13,000 captifs. Il mourut dans la Kasba de Merrakech, en 595.
(*Opus suprà laud,* p. 200 et 204).

(3) Le célèbre marabout est enterré au milieu du quartier de Tàbia,

et renversa la digue « *el-sedd* » élevée par les ordres d'El-miorki. (1) »

Franchissons maintenant le seuil de la porte Valée, ouvrage des Français, et suivons la rue Combes qui coupe la ville en deux parties. Nous passerons d'abord sous le Tétrapyle, édifice quadrangulaire déjà décrit plus haut; puis nous rencontrerons sur la droite, la mosquée principale « *El-djâma el-Kbir* » et la zaouïa des Ben-Lefgoun, dans laquelle subsiste encore un très-beau morceau d'architecture romaine qu'il est assez difficile de caractériser.

Dans une chambre de la zaouïa repose le corps du savant docteur Abou-zakaria-yahia-El-Fekoun (Lefgoun), qui mourut en 988 (de J.-C. 1580).

Non loin de là et sur la gauche, se trouvent les derniers vestiges de Dar-el-bey, l'ancien palais des gouverneurs. Au lieu de prendre exemple sur les Berbères qui, pendant plusieurs siècles, avaient maintenu le siège du commandement dans l'enceinte de la Kasbah, les Turcs installèrent le quartier général du Makhzène « administration » avec les magasins et les écuries du chef militaire, dans une région voisine de l'entrée principale. La terreur qu'inspirait leur nom les dispensait de recourir à une précaution d'une utilité tout-à-fait spécieuse. Ils regardaient même comme impolitique de se confiner dans un coin de la ville, où la révolte des indigènes pouvait les acculer et paralyser leurs efforts, en ne leur laissant d'autre alternative que la famine ou la fuite à travers des précipices affreux. Tant que la troupe et le matériel de guerre étaient en leur pouvoir, ils se croyaient maîtres de la place. En 1831, Hadj-Ahmed, mal inspiré par son fol orgueil, se fit sultan ; et comme la demeure des anciens fonctionnaires nommés par le Divan d'Alger ne pouvait plus convenir à sa grandeur, il se fit bâtir à côté de Dar-el-bey un palais semblable à ceux qu'il avait vus dans ses voyages. Asiatique dans tous ses instincts, aimant le luxe et la luxure, il créa entre les murailles dont s'entourait sa majesté d'hier, des jardins et un sérail. Mais son

dans une mosquée qui porte son nom, et qui fut bâtie par les Juifs, suivant la tradition locale. Cet emplacement a été choisi par M. le Maire pour l'installation définitive du Musée de Constantine.

(1) Voir *la Furésiade, ou Commencement de la dynastie des Béni-Hafs*, fol. 9, v°, l. 5.

règne fut de si courte durée, qu'il eut à peine le temps de jouir de son œuvre.

Revenons aux antiquités. Avant que l'on eût entrepris le percement de la rue Cahoreau, chacun se demandait quelle avait pu être l'utilité de ces arcades, dont quatre forment le Tétrapyle, à quel établissement public elles correspondaient, enfin à quelle époque il convient de les rapporter. Le problème serait probablement resté plus longtemps sans solution, si la démolition d'une masure mauresque n'avait tout-à-coup exhumé un temple grec, qui tourne son frontispice vers les deux principales arcades, et révélé l'existence d'un large parvis d'où les fidèles assistaient aux sacrifices et aux cérémonies religieuses. De nouvelles découvertes ne tardèrent pas à suivre la première : une mosaïque comparable à celle qu'a relevée le commandant Delamarre sur la rive gauche du Roumel, et dont il a doté le Musée du Louvre, fut rendue à la lumière pendant la construction des magasins de M. Carrus; tout près de là, on déterra une frise élégante, deux lions en pierre de grandeur naturelle, une inscription latine du plus haut intérêt, la tête crénelée de Cirta et un mascaron sculpté avec une vigueur de ciseau peu ordinaire (1), dans lequel je crois reconnaître la face de Jupiter. Une partie de ces objets précieux est venue enrichir la collection d'antiquités que M. l'ingénieur en chef des Ponts et Chaussées a rangée dans un parterre fleuri, en contre-bas de la place du Caravansérail.

A l'inspection du temple de la rue Cahoreau, on distingue sans peine qu'il y a parenté, peut-être même contemporanéité entre cet édifice et celui sur les ruines duquel je montrerai que Djama-el-Kbir avait été érigée. C'est, en effet, la même pureté de style, la même science dans le dessin, le même fini dans les détails. De même reconnaîtra-t-on dans les siècles à venir une analogie parfaite entre la mosquée de Sidil-Kettani, le palais de Salah-bey (aujourd'hui l'hôpital civil) et le pont dit El-Kantara, parce que ces divers bâtiments furent exécutés sous le même règne par des ouvriers de Gênes.

A cause de l'excessive dévotion des habitants, et notamment par suite de l'introduction des Khouàn ou confréries

(1) Aujourd'hui, la terrible figure du dieu de l'Olympe est encastrée dans une des parois de l'escalier de Souk-el-asr, et n'a plus d'autre emploi que de foudroyer de ses regards le quartier des Juifs.

religieuses (1), la ville fut tellement enrichie de salles de prière
« biout es-salat, » qu'on en comptait soixante-dix en 1837;
chiffre énorme pour une population de 25,000 âmes. Je ne
compte que les musulmans.

Les plus anciennes mosquées sont Djama' Rahbet-es-souf
« le temple du marché aux laines, » Djama' el-Kasba « la
mosquée de la citadelle » et Djama' el-Kbir « la Grande
mosquée. » La première date du V° siècle de l'hégire, s'il faut
en croire les oulémas : elle fut distraite du culte dès le commencement de l'occupation, et convertie par l'administration
militaire en magasin à orge. Il y a trois ans seulement qu'on
a abattu son minaret qui était sillonné de lézardes.

Djama' el-Kasba occupe une place dans l'histoire des rois
Hafsites (2). En 683 (de J.-C. 1284), elle avait déjà tellement
souffert des injures du temps, que l'émir Abou-Zakaria fut
obligé de la restaurer complétement (3). Trente-cinq ans plus
tard, elle n'avait rien perdu de son importance, puisque nous
lisons dans la chronique d'Ibn-Konfoud : « S'il est une œuvre
qui honore l'émir Abou-yahia, c'est d'avoir consacré comme
habouss aux deux principaux oratoires, Djama' el-Kasba et
Djama' el-Kbir, le quart des dons pieux légués en faveur de la
Mekke et Médine. » Ce temple, où s'étaient prosternées plusieurs têtes couronnées, où furent même déposés les ossements
du sultan Abou-Zakaria, fit partie des bâtiments militaires, de
1837 à 1853. Il était situé entre l'arsenal et la pharmacie de
l'hôpital; on y conservait le matériel du Génie. En 1853 il fut
abattu presque en entier.

Djama' el-Kbir est sise entre la place dite *El-betha*, le marché aux cuirs et l'hôtel des Mines. L'intendance de cette
mosquée a appartenu pendant plusieurs siècles aux Beni-Lef-
goun, dans la famille desquels s'était maintenue jusqu'à l'arrivée des Français, la dignité de Cheikh-el-islam « Pontife de

(1) J'ai fait connaître et développé la constitution de ces ordres religieux dans deux notices insérées, l'une au *Journal asiatique* (décembre
1852), sous le titre de *Catéchisme des Rahmaniens*; l'autre aux *Nouvelles Annales des Voyages*, sous celui de *Biographie du vénérable
Mohammed-Ibn-el-Habib* (1849).

(2) Dynastie berbère qui régna pendant quatre siècles et maintint sous
son autorité toute la province de Tripoli, celles de Tunis, de Constantine, du Djérid, du Zab et une partie de celle d'Alger.

(3) Voir le deuxième extrait de la *Farésiade*, traduit par l'auteur de la
présente notice (*Journal asiatique*, mars 1849, p. 197).

l'islamisme. » En visitant ce vaste édifice, qui trace une péninsule au milieu d'une cohue de maisons, la plupart en pisé, j'ai reconnu que le sanctuaire avait dû être construit par les Berbères sur les ruines d'un temple païen, à cette époque mémorable de l'histoire d'Afrique où le peuple aborigène, se débarrassant de la domination arabe, reprit possession de son patrimoine. Ce qui fortifie ma conviction et repousse l'idée d'un fait accidentel, c'est que la toiture est soutenue par quarante colonnes, dont quelques-unes occupent leur position primitive, notamment celles que l'on voit à droite et à gauche du chœur « *mihrâb*. » Je pourrais invoquer à l'appui de ce que j'ai dit, la rencontre en cet endroit de deux monuments épigraphiques, dont l'énoncé fait même croire à l'existence d'un panthéon. L'un provient sans nul doute d'une chapelle consacrée à Vénus, ainsi que l'indiquent la première ligne VENERI AVGVSTAE SACRVM, et les deux flambeaux qui l'accompagnent. L'autre appartenait à la chapelle de la Concorde : c'est le piédestal d'une statue enfouie peut-être à quelques pas de là. Il est enclavé transversalement dans le pan occidental du minaret, à 2 mètres 70 centimètres du sol. Quelques lésions pareilles à des trous de balle ne l'ont que légèrement endommagé. En voici la copie exacte :

CONCORDIAE
COLONIARVM
CIRTENSIVM
SACRVM·
C· IVLIVS· C· FIL· QVIR·
BARBARVS QVAEST·
AED· STATVAM QVAM
OB HONOREM
AEDILITATIS POLLI
CITVS EST SVA PECV
NIA POSVIT·
L· D· D· D·

Les six colonnes disposées de chaque côté du chœur, sont surmontées de chapiteaux de l'ordre corinthien, dont le feuillage élégant a presque entièrement disparu sous une épaisse croûte de chaux. Il a fallu que l'architecte du département fît gratter et nettoyer au ciseau le couronnement de l'une d'elles, pour que nous pussions y admirer l'habileté des artistes de cette métropole de la Numidie.

Quant à la date de Djama' el-Kbir, elle est postérieure au sixième siècle de l'hégire, comme l'atteste une épitaphe arabe gravée très-grossièrement et sans points diacritiques sur une pierre noirâtre qui fait partie du soubassement de la galerie occidentale. J'en donne ici la traduction : « *Au nom de Dieu clément et miséricordieux! que la bénédiction et le salut de Dieu s'abaissent sur notre Seigneur Mahomet! Ci-gît Mohammed Ibrahim El-Merrâkechi (de Merrâkech), décédé dans le mois (illisible) de l'année 618 (de J.-C. 1221).* » C'est en 1848 que j'eus le bonheur de découvrir cette inscription sous la couche de chaux qui en laissait à peine soupçonner l'existence.

Il ne faudrait pas cependant que le lecteur, plein du souvenir de l'art oriental, et rêvant les merveilles de l'architecture asiatique, se représentât une magnificence qui n'existe pas dans la ville actuelle sortie toute entière de la main des maçons Kabiles. Djama' el-Kbir n'a point de rapport avec l'Alhambra. Il y a à Djama' el-Kbir, sur un terrain d'un hectare environ, une salle spacieuse, à peu près aussi large que longue, plafonnée d'une façon rustique, et devant la façade occidentale une grande cour dallée, autour de laquelle circule un péristyle. Le minaret, espèce de tour carrée ayant douze pieds de diamètre et bâtie presque entièrement en pierres de première grosseur, que l'on s'est contenté de superposer, est la seule partie de l'édifice qui accuse un peu de régularité, quoiqu'en examinant de près les matériaux, on distingue çà et là des cippes, des fragments de corniches, de moulures et d'inscriptions. La galerie à jour qui la couronne comme un diadème, a été restaurée tout récemment par l'administration des bâtiments civils.

Dans l'espace compris entre le Palais et le Tribunal on voyait, il y a peu d'années, un *mes'djed* (1) du nom de Sidi-Nerrèche, qui avait la propriété de réunir dans son enceinte silencieuse quelques-uns de ces béats ignorants et oisifs auxquels le peuple décerne machinalement le titre de Tholba (2).

---

(1) De la racine *sedjed* « se prosterner » les Arabes ont formé le mot *mesdjed* qui sert à désigner les mosquées sans *menbar* « chaire. »

(2) *Tholba* est le pluriel du mot *thaleb*, et signifie *homme qui recher-*

Ce modeste oratoire, qui cependant ne manquait pas de caractère, occupait le fond d'une cour ombragée par un oranger et
un jasmin, suivant la mode du pays. Il était antérieur au
XIIIe siècle; l'épitaphe qu'on en a retirée (1) ne laisse aucun
doute à cet égard. Il convient d'en citer ici la traduction :
« *Au nom de Dieu clément et miséricordieux. Voici le
tombeau de Zohra, fille du cheikh Abou-Amrân-mouça-
ben-a'ïça, décédée l'an 598* (de J.-C. 1201-1202), *le lundi
de la seconde dizaine du mois de chouwal. Que Dieu la
reçoive dans sa miséricorde! Qu'il procure la fraîcheur
à la tombe de Zohra et à la tombe de celui qui pro-
noncera : Amen!* (2) »

La seule mosquée qui soit vraiment digne des regards de
l'artiste, tant pour la richesse des matériaux que pour la
netteté de l'exécution, est celle que Salah-bey consacra au culte
hanéfite, sous l'invocation du marabout Sidi'l-Kettani. Mais ce
serait sortir des limites et de la spécialité de mon travail que
de décrire un monument qui ne remonte qu'à la fin du dernier siècle.

Quelqu'un a dit que les indigènes comparaient la surface
de leur ville à un burnous étendu, dont le capuchon formerait
l'esplanade de la Kasba. L'idée est originale, mais elle est
juste. Quoi qu'il en soit, la Kasba dans l'enceinte de laquelle
le lecteur a bien voulu me suivre, mérite une mention spé-
ciale. Les Romains l'avaient entourée de fortes murailles en
pierres de taille, jusque sur le bord du ravin. Ils y avaient
élevé plusieurs monuments, entre autres une basilique chrétienne (3), un capitole dont on a retrouvé des fragments et des

---

che ou qui étudie la science. Ceux qui la professent sont appelés *oulèma*
mechaïekr. Pour être réputé thâleb, il suffit de savoir lire couramment le
koran et le Trait : de jurisprudence de Sidi Khelil.

(1) L'inscription est en caractères cursifs dont le manque de points
diacritiques rend la lecture difficile. On peut la voir dans la medarsa de
Sidil-Akhdar, où elle a été déposée.

(2) En d'autres termes : *que Dieu préserve son corps des flammes de*
l'enfer!

(3) L'église, que les arabes nommaient *Dar-el-agha (Dar Lara de*
Shaw), était un enclos rectangulaire dont la couverture avait disparu, et
dans lequel on pénétrait seulement par une petite porte ouverte sur la
longue face Nord-Est. Le Génie en avait fait un magasin à poudre. Près
de la porte, à l'extérieur, s'élevait une sorte de chapelle carrée avec une
voûte en arc de cloître formant coupole. Devant cette même façade s'é-

inscriptions, et de profondes citernes qui ont été rendues par les Français à leur première destination en 1847. C'est probablement du Capitole qu'il est question dans ce passage de Shaw, où il est dit : « Sur les bords du précipice, du côté du Nord, sont les restes d'un grand et magnifique bâtiment, où la garnison turque loge présentement (1732). On y voit encore quatre bases, chacune de 7 pieds de diamètre, avec leurs piédestaux qui paraissent avoir appartenu à un portique. » N'étant venu à Constantine qu'après la construction de l'hôpital militaire et des deux casernes assises sur les citernes, j'ai perdu l'avantage d'examiner moi-même ces restes de l'antiquité ; c'est pourquoi j'évite d'en parler d'une manière affirmative.

Les fortifications de la Kasba ont éprouvé bien des vicissitudes ; elles évoquent des souvenirs de meurtre, de pillage et d'incendie. Ce qu'elles furent sous les Numides, et plus tard sous les Romains, le silence de l'histoire nous oblige à l'ignorer : mais il appert d'un document transmis par Ibn-Konfoud, qu'en l'année 683 (de J.-C. 1284) elles étaient tellement détériorées que l'émir hafsite Abou-Zakaria entreprit de les relever pour en faire le boulevard de sa puissance (1). Plus occupé sans doute des moyens de défense qu'exigeait sa situation politique, que de l'embellissement de la ville, ce prince n'eut ni le temps ni les moyens de relever ou tout au moins d'effacer les ruines qui en souillaient l'intérieur, puisque El-Abdéry en la visitant cinq ans plus tard, s'écriait sur le ton de l'élégie : « Enfin, nous aperçûmes la ville dont les catastrophes ont épuisé les ressources, et à laquelle les destins ont refusé leur protection ; la ville admirablement posée au milieu d'une contrée fertile, Constantine en un mot. Dieu veuille guérir ses blessures, et soulager sa population des maux que la fortune a fait peser sur elle ! C'est une cité intéressante et fortifiée magi-

tendait, à fleur de sol, un parvis précédé de quatre énormes colonnes, dont les piédestaux seuls étaient encore en place, et attestaient l'existence d'un monument colossal remplacé par l'église. C'était en effet, dit M. le commandant Foy, à l'obligeance duquel je dois ce document, une construction, ou plutôt une reconstruction visiblement postérieure à l'expulsion des Vandales, et faite de pierres ramassées çà et là dans les ruines des anciens édifices.

(1) Il y a dans le texte : *ou ichtera dauran min el-hadhar ou zad-ha fi'l-kasba hatta aslah bi-zalik sour el-kasba ou thourouk-ha ou kan mulk-ho fi-ha.* — Voir mon deuxième extrait de la *Farésiade*, dans le *Journal asiatique*, mars 1849, p. 189.

quement : mais, hélas! les vicissitudes du temps l'ont avilie;
ses parterres ont été flétris par le souffle du malheur et par
des sinistres épouvantables: les plates-bandes de son jardin ont
été desséchées par la flèche des catastrophes et des conflits
sanglants ; elle est devenue comme une belle femme couverte
de haillons, comme un homme généreux sans argent, comme
un guerrier que les blessures empêchent de soulever ses armes.
Il semble qu'on l'entende crier : Ah ! si quelqu'un voulait me
secourir!... » (1).

Comme les annales de Constantine ne mentionnent plus les
remparts de la citadelle, à partir de cette époque, il est à pré-
sumer que c'est l'œuvre des Berbères que nous avons vue en
1850, avant que le Génie militaire l'eût remaniée de fond en
comble. A l'exception des premières assises, témoignage frap-
pant d'une civilisation avancée, la muraille présentait une
façade irrégulière et revêtue comme au hasard, de fragments
de colonnes, d'entablements et de toute sorte de pierres. Il en
reste un pan étroit, à gauche des citernes.

Ce que j'ai lu, ce que j'ai entendu raconter m'autorise à
croire que, dans la prévision d'un blocus, les Romains avaient
songé à ménager à la garnison logée dans la Kasba (2), une
communication avec la campagne, en sculptant dans le roc un
escalier qui aboutissait à la poterne appelée Bab-er-rouah.
Léon l'Africain parle en effet, mais en termes assez vagues,
d'un escalier taillé dans le roc pour descendre au Roumel ;
et c'est le manque de précision dans son récit qui a sug-
géré à Gisbert Cuper (3) la réflexion suivante : « *Sed mirum
Leonem non facere mentionem aditus in urbem veteris;
nisi forte eum intelligat per gradus rupi incisos, per quos
ad fluvium descendebatur.* »

De Bab-er-Rouah on allait, à l'aide de ces marches, à un
sentier bordé d'une lisière en béton et connue de nos jours
sous le nom de *trik el-hezâm*, « chemin de ceinture » ; puis,
en suivant le sentier, on arrivait à la table supérieure des

---

(1) Lire la Notice et les Extraits du *Voyage d'El-Abdéry à travers
l'Afrique septentrionale, au VIIe siècle de l'hégire*, par l'auteur de la
présente notice. (*Journal asiatique*, n° 10 de l'année 1854.)

(2) Sous la domination turque, il y avait trois casernes principales,
l'une à Dar-el-bey, l'autre à la Kasba, et la troisième, dite des Janissaires,
près de la place des Chameaux.

(1) *Notæ in lib. de mortibus persecut.*, cap. XLIV, p. 558.

cascades, que les indigènes appellent dans leur langage pittoresque, *Dar es-roukhâme* « le palais de marbre. »

Enfin, pour que la description archéologique d'une ville qui a joué un si grand rôle dans l'histoire, fût complète, il faudrait fouiller dans ses entrailles et interroger, la pioche à la main, la couche de décombres qu'ont entassés les âges : car cette cité, où les convulsions de la nature avaient présagé les révolutions successives de la société, cache ses premières ruines sous des dévastations plus modernes. Il y a une Constantine visible et une Constantine inconnue. Celle que les yeux aperçoivent, je l'ai déterminée dans la mesure de mes études. Quant à celle qui dort sous le sol, quelquefois même dix mètres plus bas que la rue où vous marchez, celle-là reste à découvrir. Et lorsqu'on l'aura exhumée, il faudra encore la reconstruire par la science ou la refaire par l'imagination.

Je connais des Arabes qui prétendent que Constantine tout entière est bâtie sur des arceaux artistement maçonnés, depuis la Kasba jusqu'à la porte Valée. Quelques-uns même racontent qu'ils ont pénétré dans une de ces galeries souterraines, qui prend naissance sous le terre-plein de la citadelle, et qu'après avoir suivi des couloirs étroits, tantôt dans une direction, tantôt dans une autre, ils sont arrivés au-dessous de l'entrée en question, par une poterne appelée Bab-el-bled « la porte de la ville. » Dans ce récit, il y a tous les éléments de la certitude ; et, si les exhalaisons méphytiques qui s'échappent de ces cavités profondes n'ont point permis de les sonder, il est constant qu'on en a retrouvé les deux orifices, celui du Nord et celui de l'Ouest, le dernier formant une ouverture cintrée mais oblongue, de manière à ne livrer passage qu'à deux hommes de front. C'est bien cette poterne que j'ai vue dans les fondations du rempart (1), à droite de la Brèche : mais elle était bouchée par un mur en pierres sèches. Je m'étonne que les officiers du Génie n'aient point eu la curiosité de la dégager. Il n'est pas douteux qu'en soulevant cet obstacle, ils eussent expliqué la topographie énigmatique de ces substructions et la relation qui existe entre elles et le tunnel monumental que j'ai découvert sous la maison de Ben-Zerbih (2). Une personne

(1) Au commencement de l'année 1848.

(2) Ce tunnel se trouve sur la limite du quartier des Juifs, auxquels il a servi de refuge pendant le siège de 1837. Il a trois mètres de largeur ,

qui n'aurait que des idées restreintes sur l'architecture, ne peut voir dans ce réseau de couloirs qu'un système d'égoûts adaptés aux anfractuosités du rocher qu'il était difficile d'utiliser autrement. Telle est du moins mon opinion.

Ici s'arrête l'inventaire des antiquités de Constantine. Je m'étais imposé la tâche de soumettre à la sagacité des archéologues le résultat de mes investigations ; ma tâche est remplie.

Cependant, que dirait le lecteur, si je passais sous silence la riante oasis qui couronne le mamelon situé en face de la ville, au Nord-Ouest, et lui sert de pendant dans cet immense paysage ? Derrière cette zaouïa à dôme blanc, sous ces frais ombrages, n'y a-t-il plus rien qui retrace le souvenir du passé ? Avant de devenir le domaine de Salah-bey, qui gouverna la province pendant vingt-deux ans, le parc dont je veux parler, avait dû mériter par sa situation exceptionnelle, autant que par l'abondance de ses eaux, d'être maintenu dans les familles opulentes de la localité. C'est à ce séjour enchanteur que des sybarites venaient demander l'oubli des affaires. C'est là qu'ils trouvaient les avantages que Constantine refuse à ses habitants, l'eau, l'espace et l'ombre. L'un d'eux, poète comme on l'est toujours en face de la belle nature, s'est donné le plaisir de graver sur le marbre (1) l'expression de son bonheur. Voici l'unique fragment de son inspiration que nous ait légué le hasard. Il signifie littéralement :

« Le mignon volatile de l'Attique revient de mes collines,

« Et, rassasié de thym, distille en ce séjour de doux rayons de miel.

« C'est pour m'enchanter, que les oiseaux feront résonner (2) de leur ramage les grottes verdoyantes.

« Ici reverdit le laurier de Délos, sur le penchant de mes coteaux ;

« Et les grappes dorées se balancent aux rameaux de la vigne. »

mais il est tellement encombré de terres rapportées qu'on ne pourrait, sans un travail pénible, en déterminer la hauteur. Sur la droite et sur la gauche, on remarque des issues plus basses et d'une courbure régulière qui sont des embranchements de la galerie mère.

(1) Le morceau de marbre sur lequel sont sculptés ces cinq vers a été trouvé dans le jardin de Salah-Bey. Il fait partie maintenant du Musée provisoire.

(2) Le texte porte *canent*.

Vers la fin du dernier siècle, il n'y avait autour des ruines de la *villa* romaine qu'un champ de fèves et de maïs. Salah-bey eut la fantaisie d'en faire une demeure princière. Il y planta des arbres, répara le large bassin d'où part tout le système d'irrigation, et bâtit à côté du bassin, une maison à la mode orientale, avec une colonnade tournée vers le Nord-Est. Alors il était loin de prévoir que sa destinée le condamnerait un jour à fonder près de là une chapelle expiatoire pour apaiser les remords de sa conscience, et s'il faut dire la vérité, pour satisfaire cette superstition musulmane contre laquelle son génie naturel n'avait pas su le défendre. C'est une histoire tragique dont la légende s'est emparée : on ne la raconte qu'en tremblant.

Tandis que Salah-bey gouvernait la province, et s'efforçait de lutter contre les préjugés de son temps; tandis que d'une main il écrasait la révolte incessante des tribus, et que de l'autre il rallumait le flambeau des sciences, un marabout influent et vénéré, Sidi-Mohammed, dirigeait contre son autorité une opposition acharnée. Salah-bey surveilla ses démarches, et lorsqu'il fut convaincu que cet homme s'était rendu coupable d'intrigues qui pouvaient nuire à la prospérité du pays, il le fit prendre et le condamna à mort, malgré sa popularité. Cette sentence fut à peine connue dans la ville, qu'elle y causa une profonde sensation. Les oulémas se rendirent au palais, et supplièrent le Bey de révoquer l'arrêt fatal qui frappait le personnage le plus saint de la province. Salah-bey fut inflexible. Il n'était pas homme à hésiter entre la vie d'un imposteur et le repos de ses sujets. Au jour marqué, une foule nombreuse de fanatiques se pressait sur le lieu du supplice, comme pour défier la justice du Bey. Mais le chaouche fit son devoir, et la tête de Sidi-Mohammed roula sur le sol ensanglanté. On dit qu'en ce moment le corps du marabout se transforma en corbeau, et que l'oiseau de sinistre augure, après avoir poussé des croassements lamentables, s'élança à tire d'aile vers cette maison de plaisance où devaient s'écouler des jours heureux. Il y jeta une malédiction, puis il disparut pour toujours (1). Averti de ce miracle, le Bey conçut des regrets

<hr>

(1) Salah-bey mourut quelque temps après cet événement, en 1789, et l'opinion publique ne manqua pas d'attribuer sa mort à la vengeance du marabout. Il fut étranglé traîtreusement par les agents du pacha d'Alger, dans la vingt-deuxième année de son règne.

tardifs; un nuage de tristesse se répandit sur son âme. Il eut recours à la prière, mais la prière demeurait sans effet. Ce fut alors que pour calmer les mânes de sa victime et donner plus d'éclat à son repentir, il fit élever sur l'emplacement où le corbeau s'était abattu, l'élégant mausolée à coupole blanche, que l'on désigne sous le nom de Sidi-Mohammed-el-r'ourâb (Monseigneur Mohammed le Corbeau).

A. CHERBONNEAU.

NOTE

sur les poteries des conduites d'eau romaines
à Constantine.

Parmi les débris dont le sol algérien est couvert, les objets en terre cuite ne sont pas ce que l'antiquité romaine nous a laissé de moins intéressant. Dans ce genre, l'industrie et l'art rivalisaient pour imprimer aux œuvres des anciens le cachet de l'élégance ou de l'utilité. Tantôt ce sont de simples matériaux de construction, briques, tuiles, etc., qui, grâce à leur excellente fabrication, ont traversé les siècles en résistant aux agents les plus destructeurs; tantôt des ustensiles pour divers usages, dans lesquels la légèreté des formes n'exclut pas la solidité. La nature semble avoir prodigué aux anciens la matière plastique la plus parfaite; mais au fond c'est leur génie qui a su partout approprier aux arts l'argile commune, abondamment répandue dans le sol; tandis que nous, avec toutes les ressources de la science moderne, et après vingt-cinq ans d'essais, nous ne produisons encore en Algérie que des terres cuites d'une qualité qui fait peu d'honneur à notre siècle, si fier de son industrie.

Nous publierons un jour les dessins d'un grand nombre d'ustensiles antiques en poterie, qui méritent intérêt par la beauté de leur exécution, par les marques de fabrique qui y sont empreintes, par les sujets curieux dont ils sont ornés; aujourd'hui nous voulons seulement dire quelques mots sur une classe d'objets purement usuels, les poteries pour conduites d'eau.

Les pièces de poterie provenant des conduites d'eau ro-

maines de Constantine ont généralement les dimensions suivantes :

Diamètre intérieur . . . . 0^m 105 ,
Epaisseur. . . . . 0^m 027 ,
et plus, selon la charge d'eau que la conduite avait à porter ;

Longueur totale. . . . . 0^m 450 ,
Longueur du bout engagé. . . . 0^m 070 ,
Epaisseur à ce bout. . . . . . 0^m 016 .

L'intérieur est moulé cylindriquement. A l'extérieur, la
forme générale est tantôt celle d'un cylindre, tantôt celle d'un
cône tronqué. La pâte, couleur d'ocre rouge, est fine, homo-
gène, très-dure ; on voit que la terre a été bien manipulée et
qu'elle a reçu un fort coup de feu, sans avoir cependant pris
l'aspect vitreux, ce qui prouve l'absence à peu près complète
de l'élément calcaire.

Personne n'ignore que les chaux se divisent, au point de
vue de l'art des constructions, en deux principaux groupes :
les chaux *hydrauliques*, c'est-à-dire qui durcissent plus ou
moins promptement sous l'eau, et les chaux *communes* qui
ne durcissent jamais sous l'eau, quelque temps qu'on les y
laisse. Les premières, qui paraissaient se rencontrer plus rarement que les autres dans la nature, et dont la propriété hydraulique est d'une haute importance dans les constructions, furent, il y a quelques années, l'objet de recherches ingénieuses
de la part de divers savants, en tête desquels on doit placer
M. Vicat, qui trouva la cause de l'hydraulicité dans la
présence, au sein de la matière calcaire, d'une certaine pro-
portion de deux autres terres, l'alumine et la silice.

La théorie des chaux hydrauliques semblait complètement
élucidée par les travaux de M. Vicat, lorsqu'un autre ingénieur, M. Chanoine, ayant eu l'idée de mettre sous l'eau de
la chaux commune renfermée dans un sachet de toile, recon-
nut qu'elle faisait corps au bout d'un certain temps, quoique
la même chaux, à l'état libre, ne donnât aucun signe d'hydraulicité. Hé bien ! cette propriété de la chaux commune dans
une enveloppe coërcitive, les Romains la connaissaient et ils
en tiraient fort ingénieusement parti pour l'assemblage des
pièces de leurs conduites d'eau. Dans nos méthodes actuelles,
le lut le plus énergiquement hydraulique est celui qui obtient

la préférence. Il en résulte plusieurs inconvénients : les assemblages se rompent par suite des terrassements qui ont presque toujours lieu dans les ouvrages neufs ; les eaux se perdent par les joints ; les racines des plantes s'y introduisent et obstruent les conduites ; souvent aussi les conduites sont tout d'abord obstruées par les bavures du ciment que l'insouciance de nos ouvriers y laisse. Les Romains, au contraire, choisissaient pour cet usage la chaux non hydraulique, dont les bavures à l'intérieur des conduites étaient immédiatement emportées par le courant d'eau, dont la consistance pâteuse se prêtait à tous les tassements, et qui cependant finissait par durcir, étant contenue entre les parois de la poterie, et d'ailleurs retenue extérieurement par une toile fortement serrée et liée autour de chaque joint. Tel est en effet l'état dans lequel on a trouvé les débris des antiques conduites d'eau de Constantine. L'empreinte de l'enveloppe en toile sur les bourrelets de chaux des assemblages y est parfaitement visible ; quelques lambeaux de cette toile y sont même restés ; le lut, comme toute chaux sans mélange d'argile, est d'un blanc pur, et sa dureté ne dépasse pas beaucoup celle de la craie.

Quatre localités différentes étaient en possession de fournir les tuyaux de terre cuite pour les fontaines de l'antique Cirta, ou du moins les débris qu'on en a trouvés jusqu'à ce jour accusent-ils quatre provenances distinctes, signalées non point par les noms individuels des fabricants, selon l'usage adopté pour d'autres produits, mais par les ethniques des lieux de fabrication, comme si, dans chaque localité, la population se fût livrée en masse à ce genre d'industrie. Ces ethniques sont les suivants :

Tidditani,
Uzelitani,
Auzurenses,
Cemellenses.

Nous avons fait connaître dans le cours de ce volume les points occupés par les antiques villes de *Tiddi* et d'*Uzel*.

La ville ou le bourg des *Auzurenses* a jusqu'à présent échappé à nos recherches. Saint-Augustin parle d'un domaine du nom de *Audurus*, situé dans le territoire d'Hippone, et sur lequel existait une église contenant le tombeau de Saint-

Etienne, martyr. Serait-ce la même localité? La chose est probable, car le *d* et le *z* se substituaient quelquefois l'un à l'autre dans les noms africains.

Quant aux *Cemellenses*, nous trouvons dans la géographie ancienne un mot qui se rapproche beaucoup de cet ethnique, c'est celui de *Gemellenses*. Les itinéraires font mention de deux stations du nom de *Gemellae*, dont l'une était située sur la route de *Lambaese* à *Sitif*, à 25 milles romains (37 kilomètres) de cette dernière ville, ce qui donne au moins 100 kilomètres pour la distance du point dont il s'agit à Constantine. C'est beaucoup pour le transport de lourds matériaux, mais ce serait encore pis si nous prenions l'autre *Gemellae* qui était dans le Sahara, à 33 milles romains (49 kilomètres) à l'Est de la station *ad piscinam* (qu'on croit être Biskra), et dont par conséquent la distance à Constantine devait approcher de 300 kilomètres. Il faut donc admettre, au moins jusqu'à plus ample information, que les *Cemellenses* qui étaient appelés à fournir la capitale numide de tuyaux de terre cuite, en concurrence avec les localités plus voisines, ne sont autres que les *Gemellenses* habitant les confins de la Mauritanie Sitifienne.

Tous ces fabricants de poteries, Tidditains, Uzélitains, Auzuriens et Cemelliens, marquaient leurs tuyaux de conduite au moyen d'un coin, probablement métallique, en forme de rectangle allongé, et sur lequel les caractères étaient gravés en creux. Chez les trois premiers, la surface du coin était plane, ou du moins droite dans le sens de ses longs côtés, et s'appliquait en plaçant ceux-ci parallèlement à l'axe du tuyau; chez les derniers, au contraire, ces mêmes côtés étaient courbes, de manière que le coin s'appliquait sur le tuyau transversalement ou plutôt dans une direction oblique à l'axe.

Les Tidditains avaient pour marque

TIDITNI

c'est-à-dire leur nom complet, l'A étant représenté par la première moitié de l'N que traverse un trait horizontal. Ils ne mettaient qu'un **D**, tandis que l'inscription de Lollius, rapportée dans ce volume, en a deux; c'est tout-à-fait analogue avec le mot berbère, dont nous croyons cet ethnique dérivé, et qui est écrit sur nos cartes, tantôt *Tizzi*, tantôt *Tizi*, selon la prononciation de chaque localité kabaïle.

Les Uzélitains signaient

VZELITAN

Nous avons aussi rencontré et rapporté ailleurs, dans ce même volume, une autre forme plus abrégée, mais il peut se faire que ce soit d'après un exemplaire incomplet.

La marque des Auzuriens est

AVZVRENSES

le Z renversé en contre-épreuve, comme cela se voit aussi quelquefois dans les inscriptions sur pierre.

Celle des Cémelliens enfin est

CEMELLENSES

le mot écrit tout entier de droite à gauche ou en contre-épreuve.

DE QUELQUES

INSCRIPTIONS TUMULAIRES

RECUEILLIES EN ALGÉRIE

et des lumières qu'elles peuvent fournir sur la durée de la vie moyenne des Romains dans ce pays.

———

C'est une pensée qui se présente assez naturellement à l'esprit que celle de chercher dans les inscriptions tumulaires antiques, si nombreuses en Algérie, quelques lumières sur la durée de la vie moyenne des Romains qui nous y ont précédés, et d'essayer de lire, à cet égard, le sort de nos successeurs dans celui de nos devanciers.

Dans cette intention, j'ai relevé, à Lambèse et dans les ruines des villes voisines, 500 inscriptions tumulaires, environ, et elles m'ont fourni les faits que je vais exposer.

De ces 500 inscriptions et plus, 470 seulement portent la mention de l'âge. Celles où elle manque sont en général de cette forme :

D· M· S
L· ANTONIVS· FELIX
V· A·
SE·VIVO·SIBI·FECIT
H· S· E

Après la mort de l'auteur de sa propre épitaphe, on a négligé de la compléter en y inscrivant le chiffre de ses années. Peut-être est-il allé mourir au loin, et la tombe qu'il s'était préparée est-elle restée vierge.

Les 470 inscriptions complètes se résument dans le tableau suivant :

AGES.	MORTS.	AGES.	MORTS.	AGES.	MORTS.
1 an	3	38 ans	6	75 ans	9
2	1	39	»	76	1
3	4	40	31	77	»
4	1	41	4	78	1
5	3	42	2	79	»
6	»	43	3	80	23
7	3	44	2	81	2
8	3	45	27	82	1
9	»	46	»	83	2
10	1	47	5	84	»
11	2	48	1	85	3
12	3	49	»	86	1
13	6	50	22	87	1
14	»	51	1	88	»
15	6	52	1	89	»
16	4	53	2	90	2
17	5	54	2	91	»
18	5	55	6	92	2
19	2	56	1	93	1
20	11	57	3	94	»
21	7	58	2	95	2
22	8	59	»	96	1
23	4	60	32	97	»
24	7	61	1	98	»
25	17	62	2	99	»
26	10	63	2	100	2
27	11	64	1	101	»
28	6	65	10	102	»
29	»	66	»	103	»
30	26	67	»	104	»
31	6	68	»	105	»
32	3	69	»	106	»
33	5	70	23	107	»
34	2	71	7	108	»
35	26	72	»	109	»
36	5	73	1	110	1
37	10	74	»		

Ce qui frappe tout d'abord dans ce tableau, c'est l'étrange distribution de la mortalité entre les différents âges : car si on l'interprétait à la rigueur, on devrait croire que chez les Romains qui habitaient le pays dont nous nous occupons, on mourait moyennement six fois plus aux âges dont le dernier chiffre est un 5 ou un zéro qu'aux autres âges. En effet, nous trouvons pour les âges dont le dernier chiffre est un 5 ou un zéro, 281 morts, et pour ceux dont le dernier chiffre n'est ni un 5 ni un zéro, seulement 189 morts. Le premier chiffre est au second dans le rapport de 3 à 2, tandis que régulièrement il n'en devrait être que le quart. Cela indique très-clairement que les Romains n'inscrivaient pas l'âge véritable des morts sur les pierres funéraires, et que chez eux celui qui mourait entre trente-cinq et quarante ans, par exemple, était dit mort soit à trente-cinq ans, soit à quarante ans avec une certaine préférence pour les multiples de 10.

A quoi devons-nous attribuer cet usage menteur? Voulait-on faire paraître la perte des enfants et des adolescents plus touchante en les rajeunissant, et faire aux vieillards, en les vieillissant encore, une longévité plus extraordinaire? Cela est possible. Toutefois on ne peut pas admettre une intention pareille pour les âges moyens, et l'on remarquera que c'est particulièrement pour ces derniers que l'altération de la vérité est évidente.

Etait-ce ignorance de l'âge précis même des plus proches parents? Il est permis d'en douter si l'on remarque qu'après les pierres tumulaires des enfants, ce sont celles des vieillards qui portent le plus souvent la mention des mois et des jours. J'en pourrais citer de nombreux exemples, mais je me bornerai à un seul qui est le plus remarquable de tous.

D M S
CASSIO AVGG
NNN VERN
DISP·LEG·III
AVG·P·V·
QVIVIXIT ANN
CX·M·VII·D·XXI
VRSINVS ARK
LEG·EIVSDEM
FECIT

Il paraît donc naturel de penser que l'âge des morts était ordinairement bien connu, mais que les années étaient comptées pour plus aux deux extrémités qu'au milieu de la vie.

On se faisait plus de scrupule d'en faire tort à un enfant ou à un vieillard qu'aux personnes d'âge moyen, et pour celles-ci, la chose paraissant de peu d'importance, on arrondissait le chiffre pour plus de simplicité, et l'on comptait en réalité par lustres, bien que l'on persistât à noter par années.

De tout cela faut-il conclure que les inscriptions que j'ai relevées ne peuvent fournir aucune donnée sur la durée de la vie moyenne des Romains de l'époque et des lieux qui nous occupent ? Je ne le crois pas, mais je pense qu'il faut nous borner à leur demander une approximation que d'autres pousseront plus loin au moyen de relevés semblables.

L'inspection du tableau que j'ai dressé fait voir que le chiffre de la mortalité aux âges multiples de 5 et de 10, s'est grossi d'emprunts faits à la fois en avant et en arrière. Il n'est pas possible, en effet, de supposer qu'un homme de 41 ans ait été compté d'ordinaire comme en ayant 45, et il faut admettre que les choses se sont passées comme il arrive tous les jours dans nos supputations approximatives de la conversation, où nous disons d'un homme de 37 à 43 ans, qu'il a *une quarantaine* d'années; toutefois, il semble que l'emprunt ait été plus fréquent en arrière qu'en avant. Je crois donc que nous serons bien près de la vérité en supposant que par l'altération évidente de l'âge des morts, la vie de chacun a été mensongèrement allongée d'une, ou tout au plus de deux années ; d'où résulte une augmentation apparente égale dans la durée de la vie moyenne de nos 470 morts.

Cela posé, chacun sait que lorsqu'on veut connaître le chiffre de la fortune moyenne d'une réunion de personnes, on additionne les chiffres de leurs fortunes individuelles, et l'on divise la somme totale par le nombre des personnes. Pour calculer la vie moyenne, on opère de la même façon. Or, la somme totale des années qu'ont vécu les 470 Romains est 20,508 ans, et ce nombre divisé par 470 donne un peu plus de 43 ans et 7 mois.

Duvillard a fait en 1806 une table de mortalité pour l'ensemble de la population française. En y appliquant le même calcul qu'à la table que j'ai donnée plus haut, on obtient pour chiffre de la vie moyenne 39 ans 7 mois. (*Voir l'Annuaire du bureau des Longitudes*).

Mais, depuis 1806, la vaccine, l'accroissement du bien-être général et diverses autres causes paraissent avoir élevé ce dernier chiffre à 42 ans, à peu près; et si des 43 ans 7 mois et plus, que nous avons trouvé pour la vie moyenne des Romains, nous retranchons, par la raison que j'ai dite tout-à-l'heure, 1 an 7 mois et quelque chose, nous retombons précisément sur ce chiffre de 42 ans qui est celui de la vie moyenne, aujourd'hui, de l'ensemble de la population française.

Je m'attends à plusieurs objections, et je vais au devant.

C'est dans la première enfance que la mortalité est la plus grande, et mon relevé ne porte pour cet âge qu'un nombre de morts relativement faible. Il y a donc lieu de penser qu'on négligeait souvent de donner une tombe avec inscription aux petits enfants : de là une augmentation apparente de la vie moyenne.

Les chiffres de mon tableau ne se rapportent qu'à la population libre, et les esclaves, qui n'avaient pas d'état civil, n'y figurent pas. Or, ces esclaves épargnaient aux Romains leurs maîtres la plupart des travaux pénibles et insalubres, et prenaient pour eux la plus grosse part de la mortalité dont ils leur laissaient la moindre : de là encore une cause d'erreur.

Enfin, celui-là seul avait une tombe de pierre et une épitaphe, dont la famille en pouvait faire les frais; frais souvent peu considérables, mais qui pourtant excluent les pauvres de mon relevé : troisième cause d'erreur.

Je sens tout ce que ces objections ont de fondé, je les avais prévues, et j'ai dit déjà que je me borne à chercher une approximation. Que l'on veuille bien maintenant se rappeler que des inscriptions tumulaires sur lesquelles je m'appuie, les moins anciennes remontent à douze siècles; que l'on songe à tous les progrès matériels accomplis depuis cette époque reculée et qui profitent au bien-être général et à la santé publique, et je pense qu'on m'accordera que ces progrès équivalent à peu près aux causes d'exagération qui viennent d'être signalées.

Je me crois donc fondé à dire que lorsque la population nouvelle de l'Algérie aura complété son installation dans ce pays, et s'y sera fixée, acclimatée et reproduite pendant trois ou quatre générations, elle y atteindra une durée de vie moyenne égale à celle qu'y atteignait la partie de la population romaine dont j'ai consulté les épitaphes, égale par conséquent aussi à celle de l'ensemble de la population de la France.

J'ajoute que le but de cette courte note sera atteint si elle engage quelque homme d'étude et de loisir à entreprendre un travail de statistique comparée plus sérieux et plus complet, et si elle peut lui fournir quelques-uns de ses premiers matériaux.

EXPLICATION

DES PLANCHES XV, XVI, XVI *bis* ET XVII.

PLANCHE XV. — Trois inscriptions, deux Lybiennes et une Phénicienne, trouvées à *Tipasa* de Numidie (Tifaich), et communiquées par M. Vignard, interprète principal.

PLANCHE XVI. — Inscriptions Lybiennes recueillies dans le cercle de Bône, par M. Baxu, sous-lieutenant de spahis.

PLANCHE XVI *bis*. — 1º Bas-relief en marbre blanc, d'origine évidemment chrétienne, trouvé sous terre devant la porte de l'église ogivale construite, en 1852, dans le village du Khroub, vallée du Bou-Merzoug, et la seule trace de l'occupation romaine qu'on ait rencontrée sur ce point.

2º Objet mentionné dans la notice de M. Fourtier, et dont la forme, exactement semblable à celle de nos boutons de corne, ayant en dessous un appendice cylindrique percé d'un trou pour passer le fil d'attache, ne laisse guères de doute sur sa destination. D'autres boutons de plomb qu'on trouve aussi très-fréquemment sur la grève de Philippeville (*Veneria Rusicade*), portent à la face une tête de femme entourée de la légende RVSICADE.

PLANCHE XVII. — Deux inscriptions Lybiennes découvertes par les travailleurs militaires sur la route de Bône à Bou-Hadjar, et recueillies par M. Dumont, sous-lieutenant au 16e léger.

ERRATA.

Page 14,   ligne 34, au lieu de : *aux quelles*, lisez : *auxquelles*.
Même page,   — 41,   —   *précieux*, lisez : *précieuses*.
Page 16,   — 33,   —   *Tagaste*, lisez : *Thagaste*.
Page 17,   — 39,   —   *Khemçia*, lisez : *Khemiça*.
Même page,   — 40,   —   *Numidorûm*, lisez : *Numidarum*.
Page 19,   — 32,   —   *légué*, lisez : *léguée*.
Même page,   — 37,   —   *le quel*, lisez : *lequel*.
Page 20,   — 44,   —   *annullant*, lisez : *annulant*.
Page 21,   — 6,   —   *réunit*, lisez : *réunit*.
Même page,   — 22,   —   *Dj. Ouaoh*, lisez : *Dj. Ouache*.
      — 25,   —   *Fendek*, lisez : *Fendeck*. Même correc-
                              tion, p. 23, lig. 3 et 9.
Page 24,   — 24,   —   *creusée*, lisez : *creusé*.
— 25,   — 26,   —   *ortographe*, lisez : *orthographe*.
— 28,   — 37,   —   *d'arréte*, lisez : *d'arête*.
— 30,   — 18,   —   *elles poussaient*, lisez : *elle poussait*.
— 31,   — 5,   —   *naît*, lisez : *naît*.
Même page,   — 32,   —   *colliue*, lisez : *colline*.
Page 34,   — 19,   —   *incliné*, lisez : *inclinée*.
— 35,   — 38,   —   *cotoyait*, lisez : *côtoyait*.
— 38,   — 11,   —   *Mjez-Lechich*, lisez : *Mjez-ec-Chich*.
— 58,   Inscription XXXII (lecture), au lieu de : *Exornatns*, li-
                              sez : *Exornatus*.
— 64,   Inscription XLIV (lecture), au lieu de : *Pertinaeis*, li-
                              sez : *Pertinacis*.
Même page, même inscription (lecture), au lieu de : *Augnstorum*, lisez :
                              Augustorum.
      —   —   (lecture), au lieu de : *Castrovum*, li-
                              sez : *Castrorum*.
      —   ligne 4, au lieu de : *primtif*, lisez : *primitif*.
Page 76,   Inscription LXXIX (lecture), au lieu de : *Reliuquit*, li-
                              sez : *Relinquit*.
— 79,   ligne 7, au lieu de : *Rumel*, lisez : *Rummel*.
— 81,   — 4,   —   *sous la partie*, lisez : *sur la partie*, etc.
— 87,   — 41,   —   *menument*, lisez : *monument*.
— 92,   — 10,   —   *eu grande partie*, lisez : *en grande
                              partie*.

10

Page 92, ligne 20, au lieu de : *ile*, lisez : *ils*.
— — 20, effacez *de*, à la fin de la ligne.
Page 93, — 12, entre les mots *ce* et *ferait*, ajoutez *qui*.
Même page, — 15, au lieu de : *journée*, lisez : *journées*.
Page 94, — 26, — *beaueoup*, lisez : *beaucoup*.
Même page. — 29, — *viile*, lisez : *ville*.
— — 35, — *eomptent*, lisez : *comptent*.
Page 95, — 2, — *daus*, lisez : *dans*.
— 96, — 27, — *seus*, lisez : *sous*.
— 97, — 22, — *pousse*, lisez : *poussent*.
— 98, — 3, — *Caillié*, lisez : *Caillé*.
Même page, — 19, — *Sidil-Mokhtar*, lisez : *Sidi'l-Mokhtar*.
— — 28, — *s'approvisionnier*, lisez : *s'approvi-sionner*.
— — 32, — *uuie*, lisez : *unie*.
Page 103, — 7, — *cimetierre*, lisez : *cimctière*.
— 106, — 20, — *Msid*, lisez : *Mecid*.
— 109, — 1re, — *cimetierre*, lisez : *cimetièrc*.
Même page, — 36, — *au regards*, lisez : *aux regards*.
Page 110, note (dans le corps de l'inscription) ajoutez, ligne 6, après les mots : NATALES HONESTE, celui-ci : MÉOS.
— 112, ligne 3, au lieu de : *dixaine*, lisez : *dizaine*.
Même page, — 8, — *l'indique*, lisez : *l'indiquent*.
— 115, 2e note, — *munument*, lisez : *monument*.
— 119, ligne 5, — *continitué*, lisez : *continuité*.
— 125, — 2, — *orcupait*, lisez : *occupait*.
— 127, 3e note, — (1), lisez : (3).

TABLE DES MATIÈRES.

I

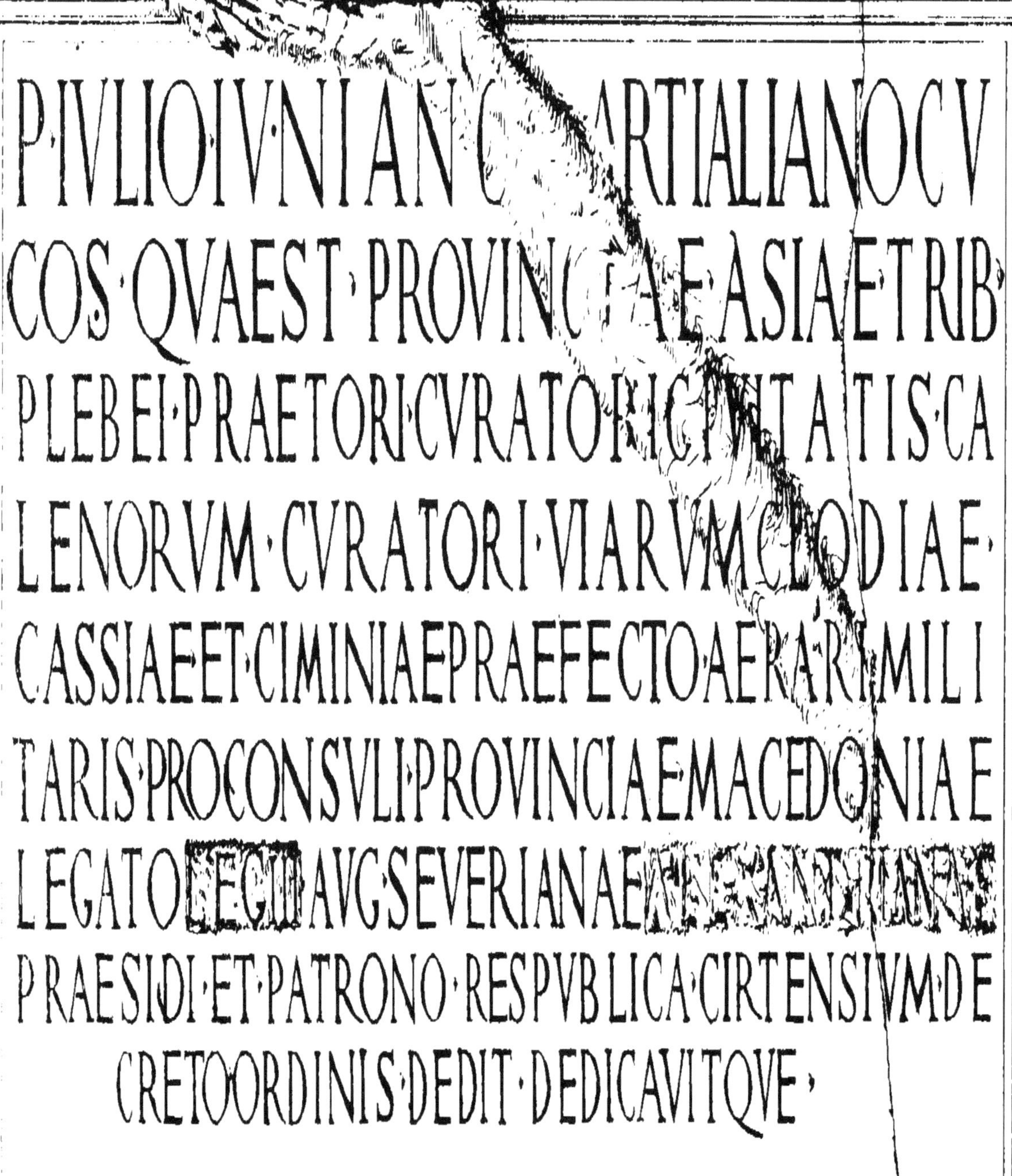

Société arch. de Constantine.

Échelle au 10ᵉ.

Lith. Buende

Pl. II.

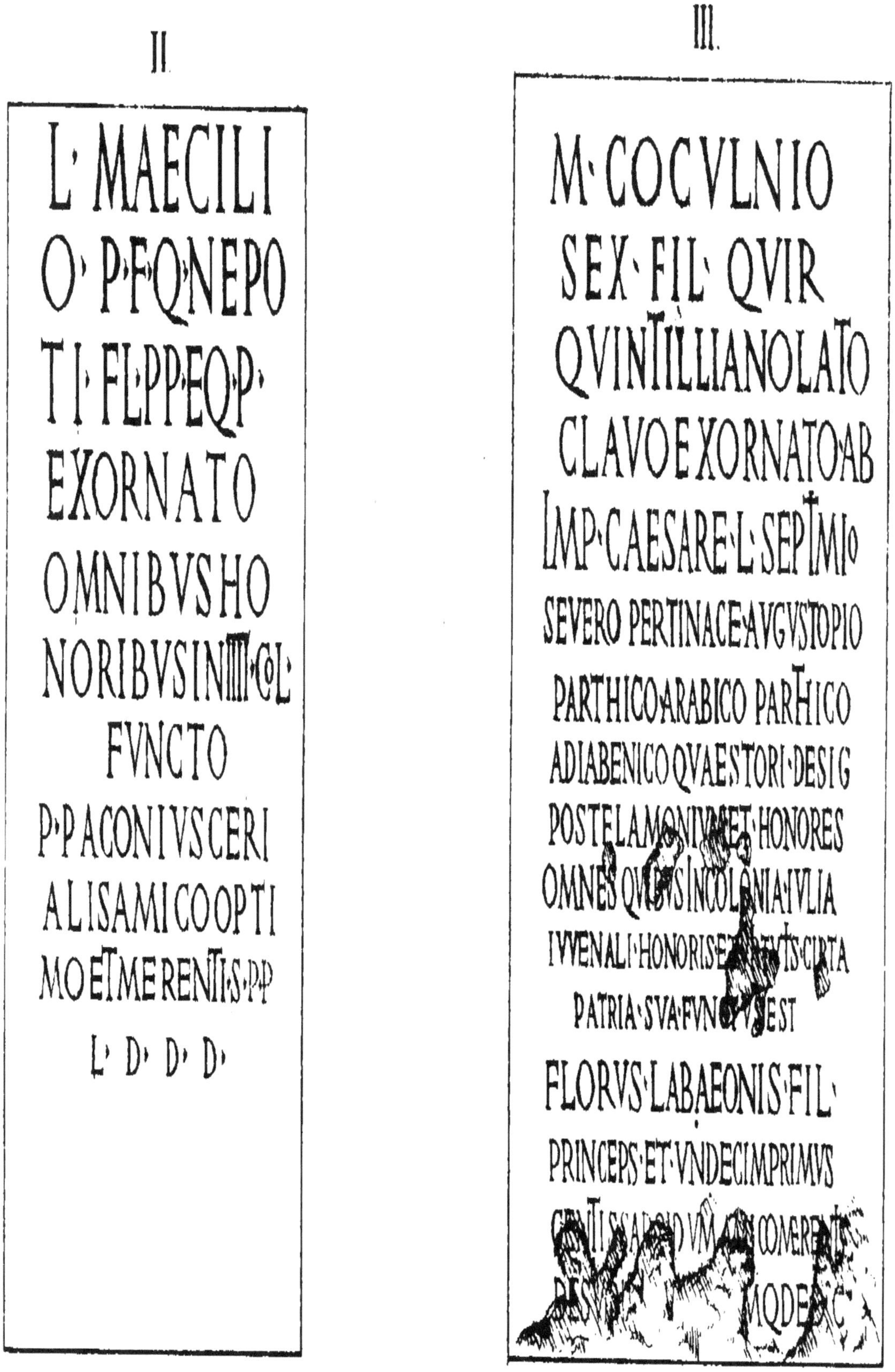

II

L· MAECILI
O· P·F·Q·NEPO
T I· FL·PPE·Q·P·
EXORNATO
OMNIBVSHO
NORIBVSINIIII·COL·
FVNCTO
P·PACONIVSCERI
ALISAMICOOPTI
MOETMERENTIS·PP
L· D· D· D·

III.

M· COCVLNIO
SEX· FIL· QVIR
QVINTILLIANOLATO
CLAVOEXORNATOAB
IMP·CAESARE·L·SEPTIMIO
SEVERO PERTINACE·AVGVSTOPIO
PARTHICO·ARABICO PARTHICO
ADIABENICO QVAESTORI·DESIG
POSTELAMONIVM·ET·HONORES
OMNES QVIBVS INCOLONIA·IVLIA
IVVENALI·HONORISET·OMNIBVS·CIRTA
PATRIA· SVA·FVNCTVS·EST
FLORVS·LABAEONIS·FIL·
PRINCEPS·ET·VNDECIMPRIMVS
CENTIS·SACRORVM·CONFERENTIS
D·S·P·F·C· M·QDE·C

Société archéol. de Constantine.

Inscriptions de la Casbah de Constantine.

IV.

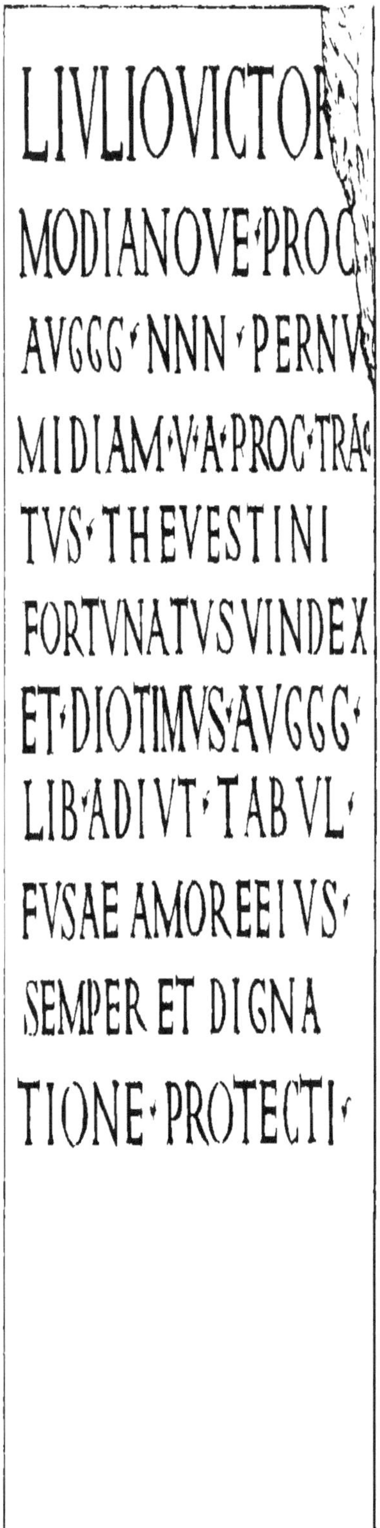
LIVLIOVICTOR
MODIANOVE PROC
AVGGG NNN PERNV
MIDIAM V A PROC TRA
TVS THEVESTINI
FORTVNATVS VINDEX
ET DIOTIMVS AVGGG
LIB ADIVT TABVL
FVSAE AMORE EIVS
SEMPER ET DIGNA
TIONE PROTECTI

V.

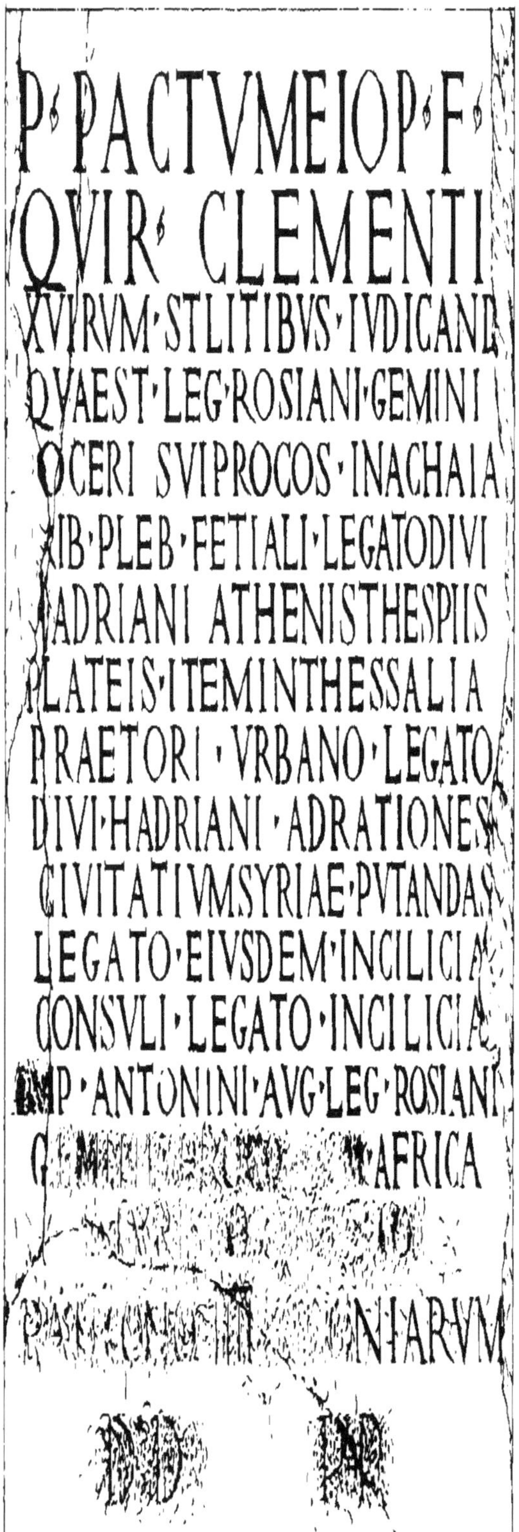
P PACTVMEIO P F
QVIR CLEMENTI
XVIRVM STLITIBVS IVDICAND
QVAEST LEG ROSIANI GEMINI
OCERI SVI PROCOS IN ACHAIA
TRIB PLEB FETIALI LEGATO DIVI
HADRIANI ATHENIS THESPIIS
PLATEIS ITEM IN THESSALIA
PRAETORI VRBANO LEGATO
DIVI HADRIANI AD RATIONES
CIVITATIVM SYRIAE PVTANDAS
LEGATO EIVSDEM IN CILICIA
CONSVLI LEGATO IN CILICIA
IMP ANTONINI AVG LEG ROSIANI
AFRICA
NIARVM

Echelle au 10e.

Lith. Guende

Société arch.ᵉ de Constantine.

VI.

```
        ICPOPV I
N    .IVS FFLIX
   .IL QVIR Q.B
IIIVIR..
MA .ONNI
OB HONOREM IIIV
EXHS IMI Ñ CVA
P    PC S
SPO      ENARIOS
SECVNDVM MATRICEM PV
CIVIBVS DE SVO DEDIT ITEM
LVDOS SCAEN     ISS LIB
```

VII.

```
Π·ΙΟΥΛΙΟ ΕΜΙΝΙΟ
  ΜΑΡΚΙΟΝ
ΠΡΕΣΒΕΥ ΝϹΕΒΑϹ
ΤΩΝ·ΑΝΤΙ ΡΑΤΗΓΟΝ
ΥΠΑΤΟΝ·Η ΟΥΛΗ ΚΑΙΟ
ΔΗΜΟϹΑΔ ΝΩΝΠΕΤΡΑ
ΩΝ·ΜΗΤΡΟ ΛΕΩϹΤΗϹΑ
ΡΑΒΙΑϹ·ΔΙΑ ΑΥΔΙΟΥΑΙΝϹ
ΟΥ·ΠΡΕϹΒΕ ΥΕΥΕΡΓΕΤΗ
ΘΕΝΤΕϹ·ΥΠΤΟΥ·ΑΝϹΘΕ
```

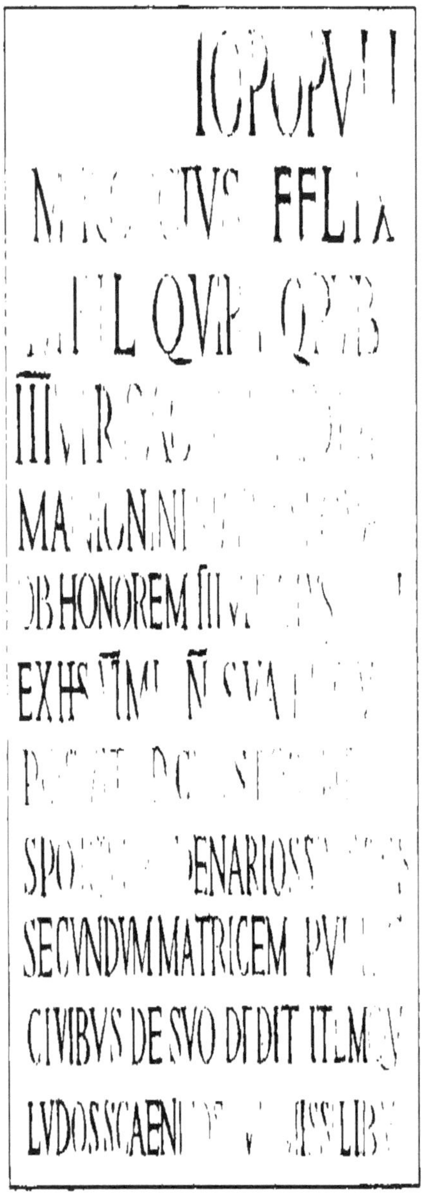

Société arch.que de Constantine.

Inscriptions de la Casbah de Constantine.

VIII.

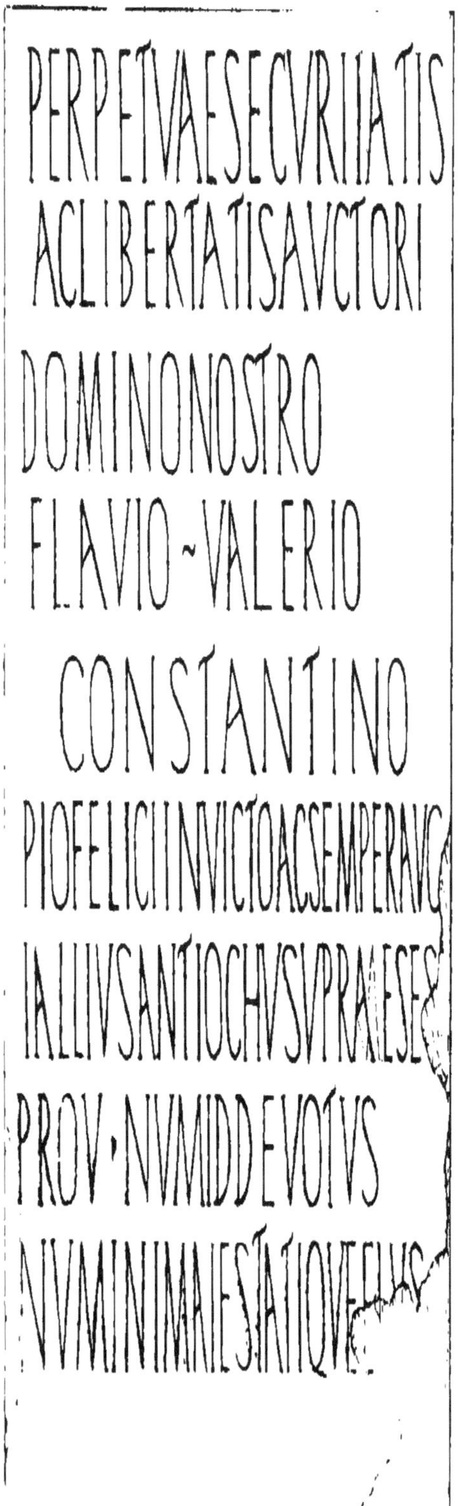
PERPETVAESECVRIIATIS
ACLIBERTATISAVCTORI
DOMINONOSTRO
FLAVIO~VALERIO
CONSTANTINO
PIOFELICIINVICTOACSEMPERAVG
IALLIVSANTIOCHVSVPRAESES
PROV·NVMIDDEVOTVS
NVMINIMAIESTATIQVE

IX.

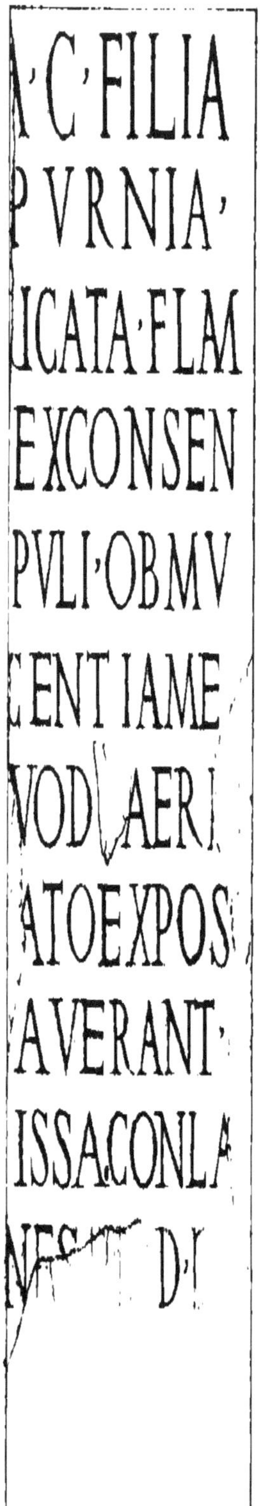
A·C·FILIA
PVRNIA·
ICATA·FLAM
EXCONSEN
PVLI·OBMV
ENTIAME
VOD AERI
ATOEXPOS
AVERANT·
ISSACONLA
NES D·I

Echelle au 10e.

Lith Guende

X.

MA CDOMITORIVNIVERSARV
VTISOPPRESSAMSVAFELICIV
FLAVIOVALERIOCONSTANT
VG
NHMAIESTATIQVEEIVSDEVOTA

XI.

IIAE·AVGVSTAE
ATRI·CASTRORVM·
CONIVGI
CAESARIS·DIVI·MARCI·
ONINI·PII·GERMANICI·SAR
I·FILI·DIVI·COMMODI·FRATRIS·
TONINI·PII·NEPOTIS·DIVI·HADRIAN
LVCI·AP·NEPOTIS

PAGATORISIMPERII·FORTISSIMI·FELICISSIMIQVEPRIN
SPATRIAE·MATRI·IMP·CAESARIS·L·SEPTIMI·SEVERI·PII
S·AVG·ARABICI·ADIABENICI·PARTHICI·MAXIMI·FILI·DIV
INI·PII·GERMANICI·SARMATICI·NEPOTIS·DIVI·ANTONI
NEPOTIS·DIVI·HADRIANI·ABNEPOTIS·DIVI·TRAIANI
ET·DIVI·NERVAE·ADNEPOTIS·M·AVRELI·ANTONINI·PII
AVG·PONTIFICIS·MAX·TRIB·POTESTAT·V·COS·PRO
ISSIMI·FELICISSIMIQVEPRINCIPIS·PATRIS·PAR
TISSIMI·ET·SVPER·OMNES·PRINCIPES
INDVLGENTISSIMI
SPVBLICA·CIRTENSIVM

Société arch.¹ᵉ de Constantine.

XII.

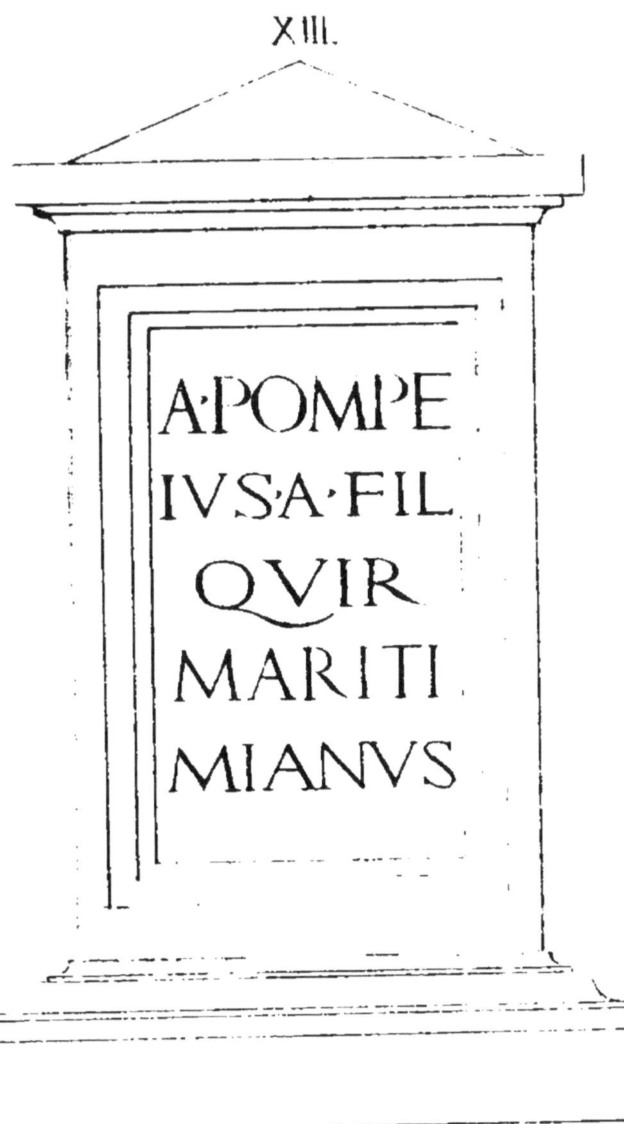

XIII.

Echelle au 10.ᵉ

Lith. Brende.

Inscriptions de la Casbah de Constantine.

Société arch.que de Constantine.

XIV.

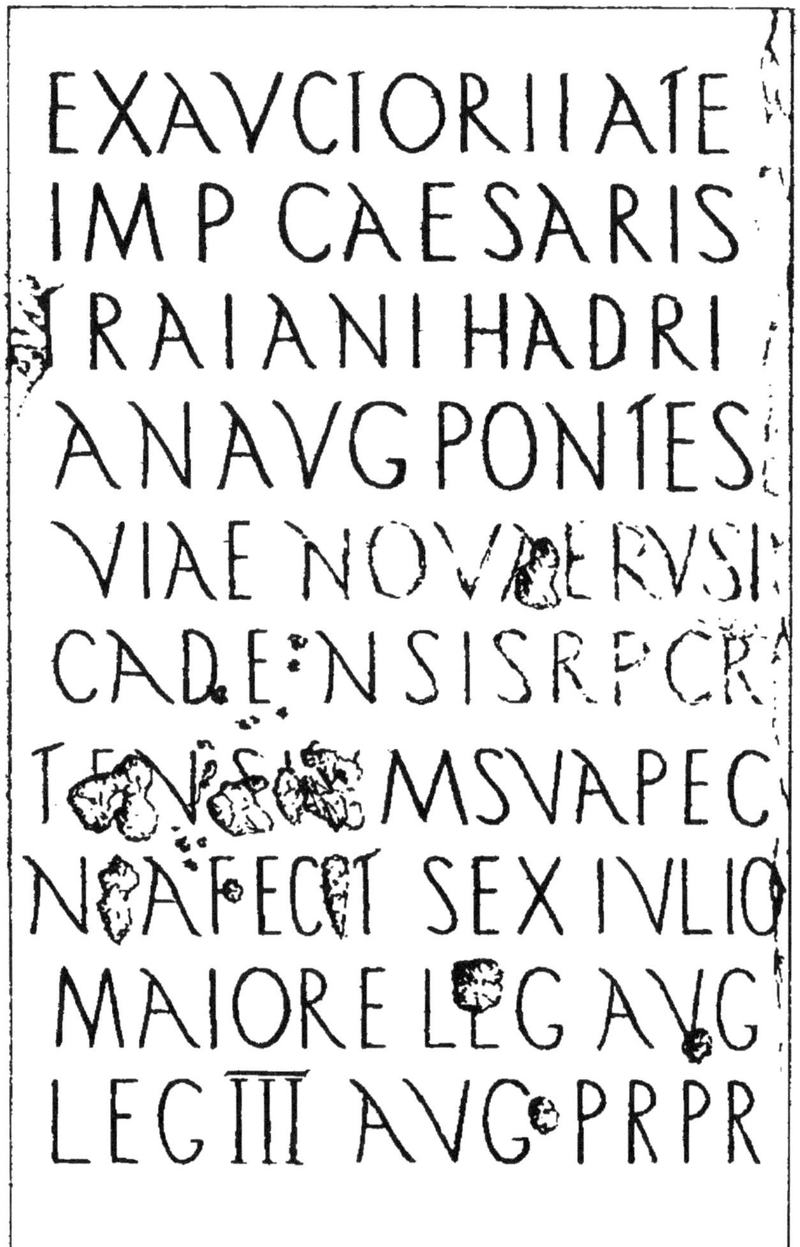
EXAVCTORITATE
IMP CAESARIS
TRAIANI HADRI
AN AVG PONTES
VIAE NOVAE RVSI
CADENSIS RPCR
TENSIVM SVA PEC
NIA FECIT SEX IVLIO
MAIORE LEG AVG
LEG III AVG PR PR

Echelle au 10.e

Lith. Guenès

Inscriptions de la Casbah de Constantine.

Société archéol.que de Constantine.

XV

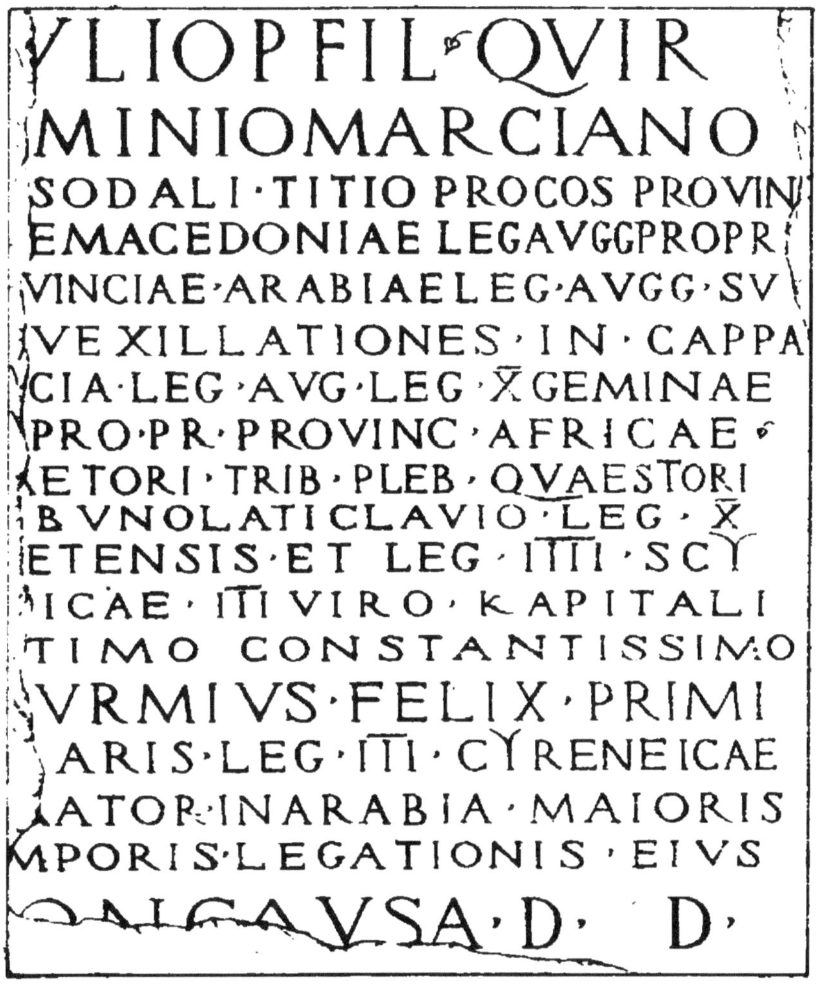
VLIO P FIL QVIR
MINIOMARCIANO
SODALI·TITIO PROCOS PROVIN
EMACEDONIAE LEGAVGGPROPR
VINCIAE·ARABIAE LEG·AVGG·SV
VEXILLATIONES·IN·CAPPA
CIA·LEG·AVG·LEG·X GEMINAE
PRO·PR·PROVINC·AFRICAE
ETORI·TRIB·PLEB·QVAESTORI
BVNOLATICLAVIO·LEG·X
ETENSIS·ET LEG·IIII·SCY
ICAE·IIIVIRO·KAPITALI
TIMO CONSTANTISSIMO
VRMIVS·FELIX·PRIMI
ARIS·LEG·III·CYRENEICAE
ATOR·INARABIA·MAIORIS
MPORIS·LEGATIONIS·EIVS
VSA·D· D·

Echelle au 10e

Lith Guende

Inscriptions de la Casbah de Constantine.

Société arch.que de Constantine.

XVI.

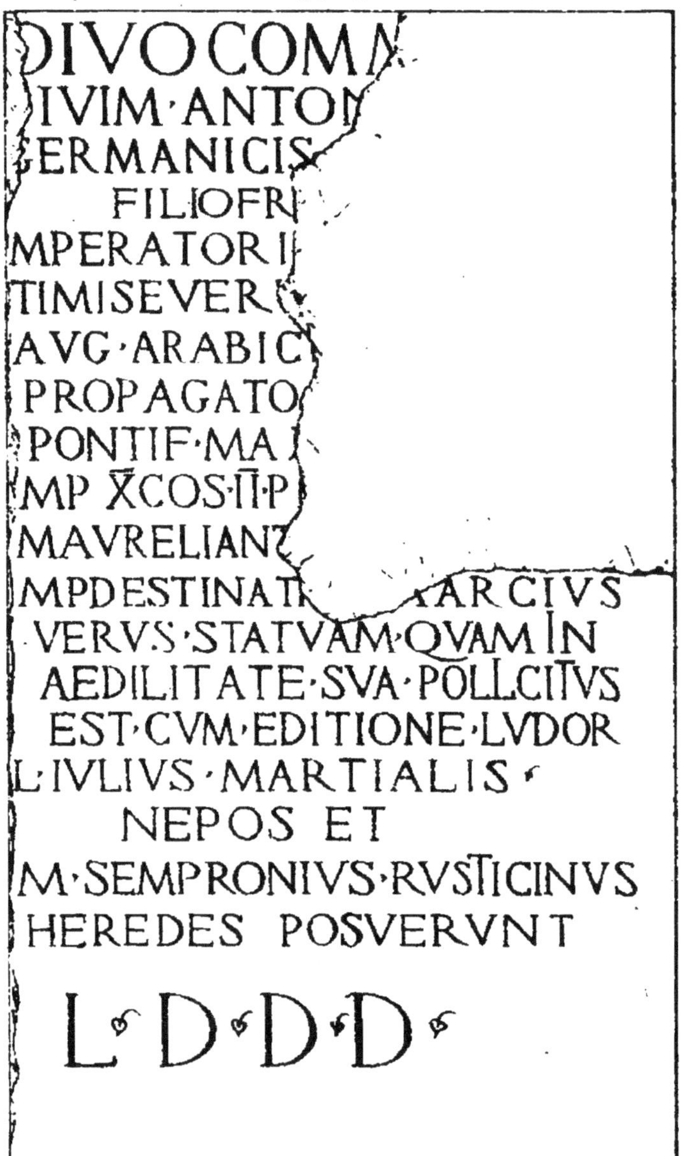
DIVOCOMM
IVIM·ANTON
ERMANICIS
FILIOFR
MPERATORI
TIMISEVER
AVG·ARABIC
PROPAGATO
PONTIF·MA
MP XCOS·II·P
MAVRELIAN
MPDESTINAT ARCIVS
VERVS·STATVAM·QVAM IN
AEDILITATE·SVA·POLLCITVS
EST·CVM·EDITIONE·LVDOR
L·IVLIVS·MARTIALIS
NEPOS ET
M·SEMPRONIVS·RVSTICINVS
HEREDES POSVERVNT
L·D·D·D

Echelle au 10.e

Lith. Guende

Inscriptions de la Casbah de Constantine.

XVII.

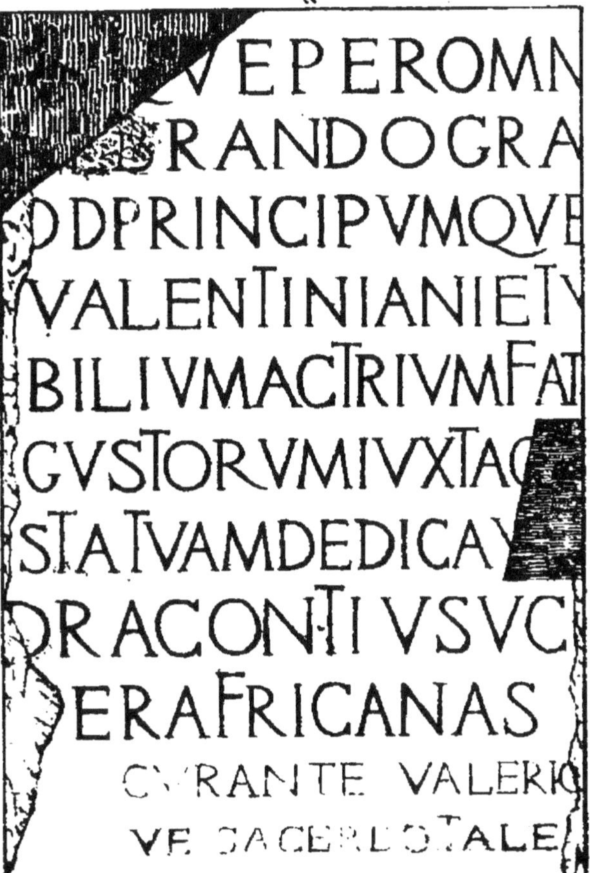

Inscriptions de la Casbah de Constantine.
Société arch.le de Constantine.
XVIII.
T·CAESERNI F·PALAT·STATIO
QVINTIO·STAT NOM EMMIO MA
CRINO COS SOD AVGVSTALI·LEG PR·PR
PROVINCIAE AF CAE LEG LEG·XIIII GMV
MISSO AD DILEC M IVNIORVM A DI
HADRIANO IN R GIO EM TRANS PAD
NAM TRIB PL QVAE CANDIDATO DIVI HADRIA
C MITIE IVSDEM XV VIRVM S LI TIB
DIS
D·D·PA OION P·R
Echelle au 10e
Lith. Grands.

Société arch.^{le} de Constantine.

XIX.

L·DOMITIO·L·F·
TIRONI · AVGVRI
DVOM · VIR · VICENSVMARI
H · D

XX.

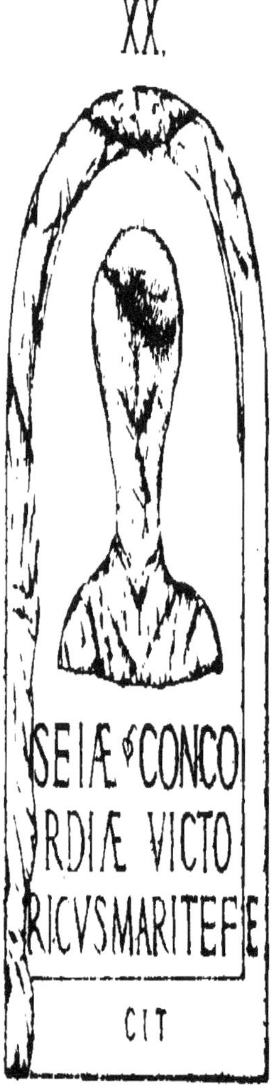

Echelle au 10^e

Lith. Guende

Inscriptions de la Casbah de Constantine.

Société arch.que de Constantine.

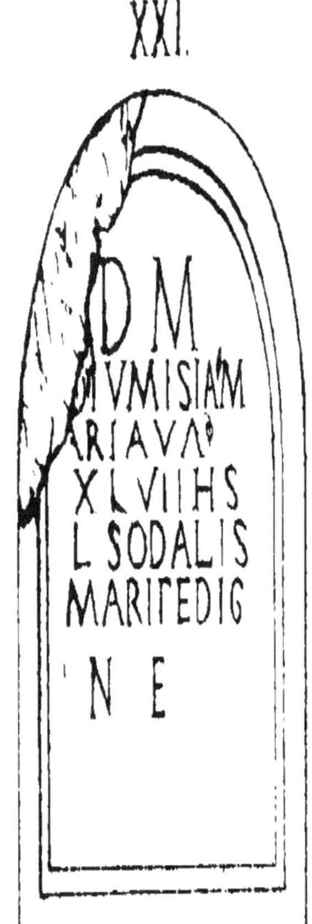

XXII.

Echelle au 10e.

Inscriptions Lybiennes.

Inscription Phénicienne.

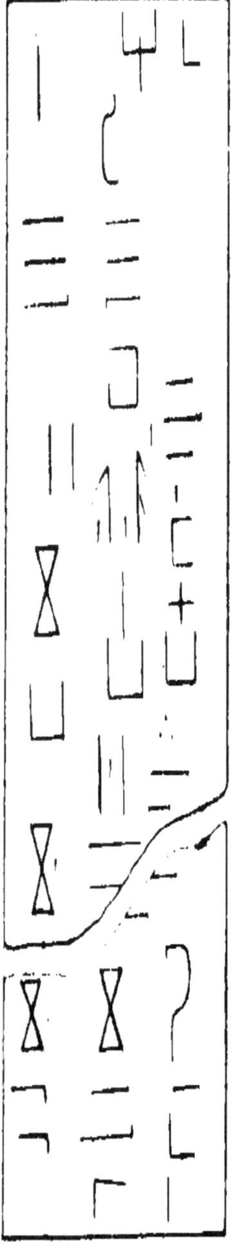

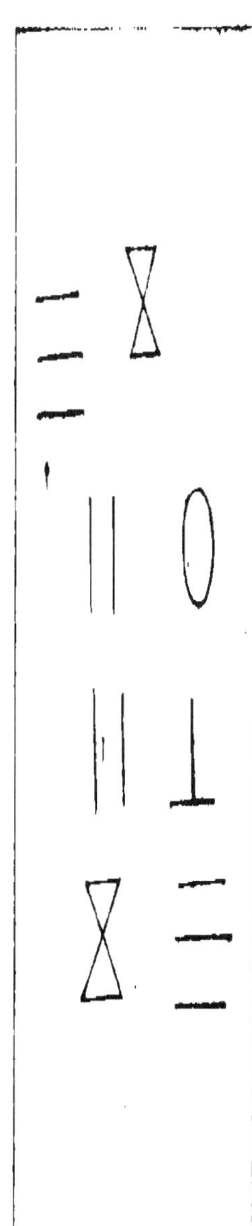

Inscription de la Porte El-Djabia.

Société archéol.que de Constantine.

Inscriptions Lybiennes.

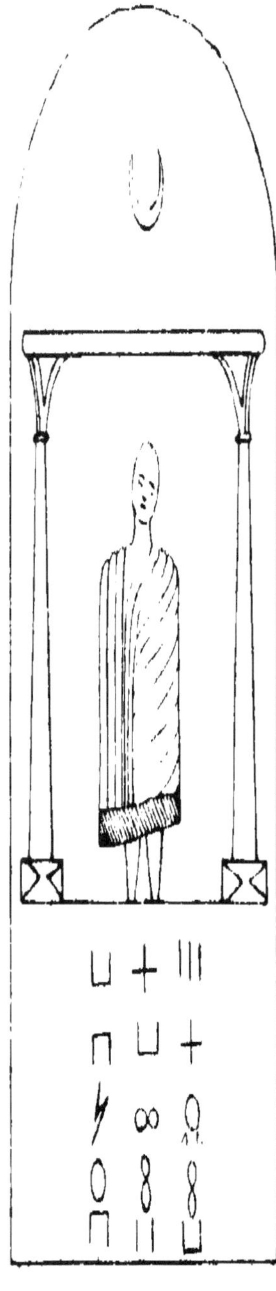

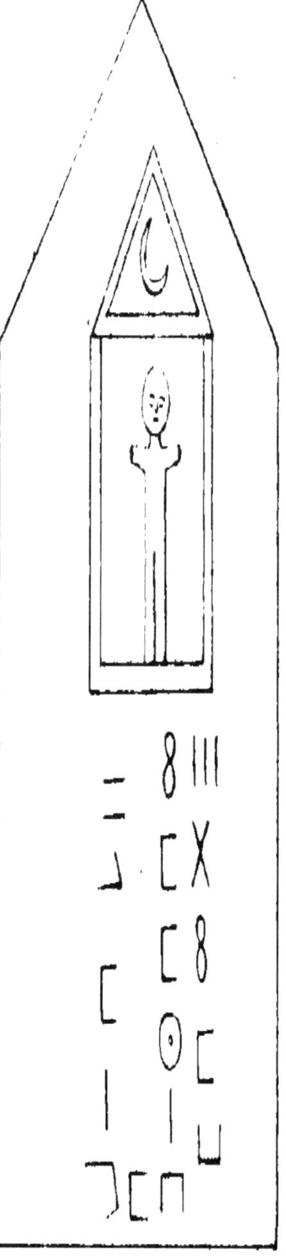

Bas relief en marbre trouvé au Khoub.

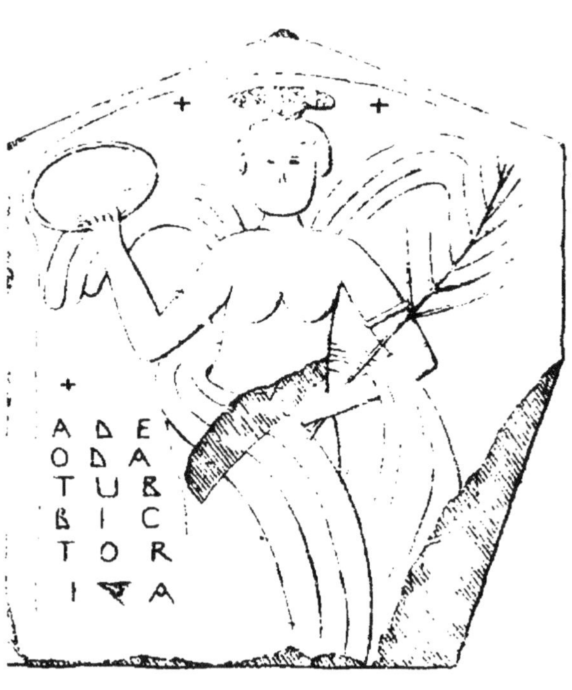

Échelle au 10.⁰

Objet trouvé sur la grève de Philippeville.

Dessous.   Face

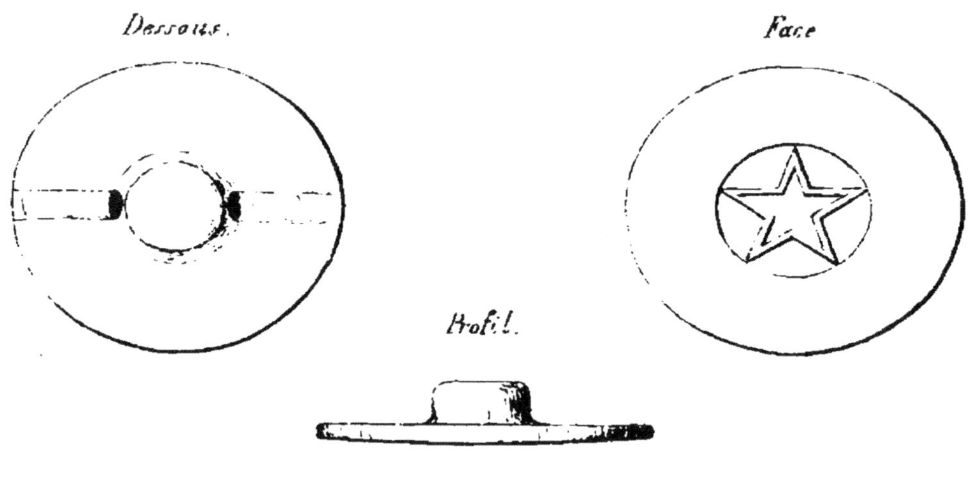

Profil.

Grandeur naturelle.

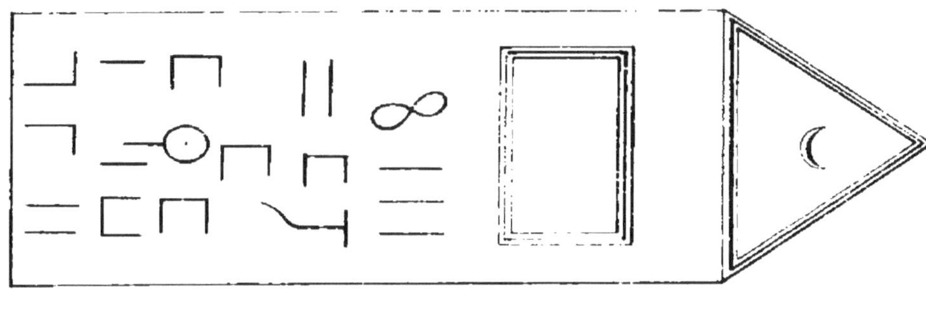

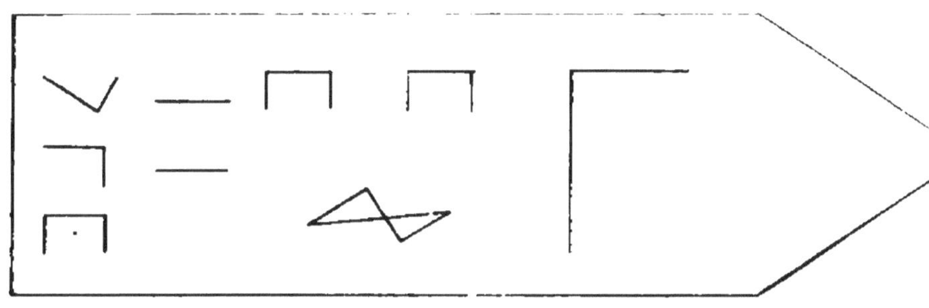

Inscription des Martyrs.

TIIINONSEPIPASSIONEMARTYR
ORVMHORTENSIVM MARIANIET
IACOBIDATIIAPINRVSTICICRISPI
ATIMELTVNIBICIORISSILBANIEGIP
TIIISCIDIMMORAMINIINCONSPECTVDNI
CVORVMNOMINASCITISQVIFECITINAX

EL HERI.

Monument des Lollius.

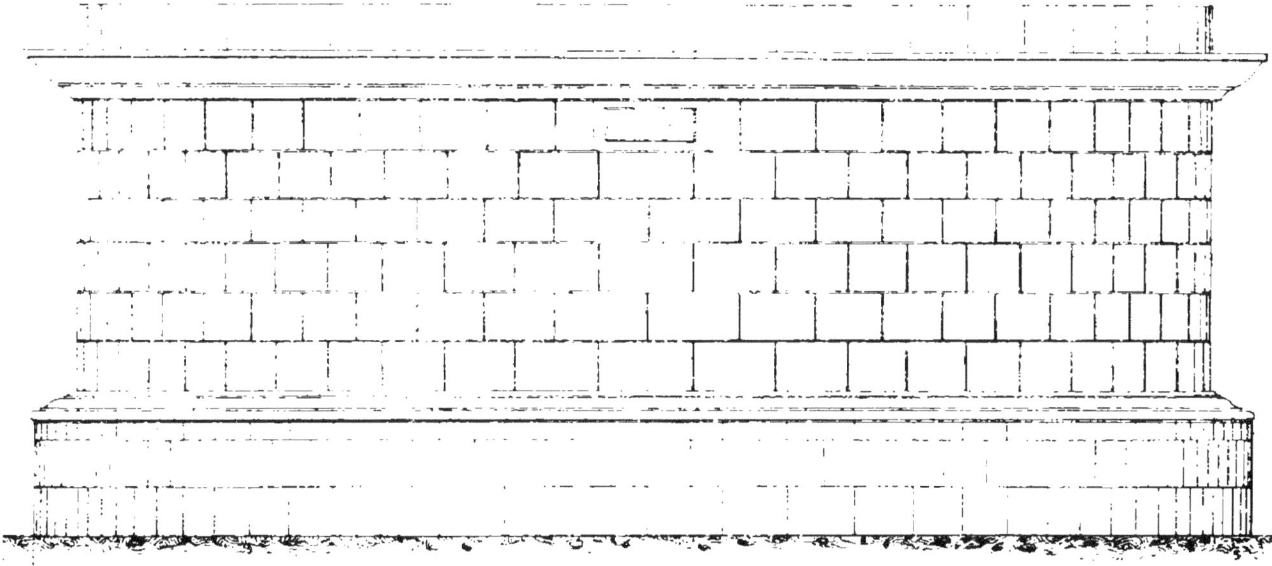

Echelle au 1/100

Echelle au 1/10.

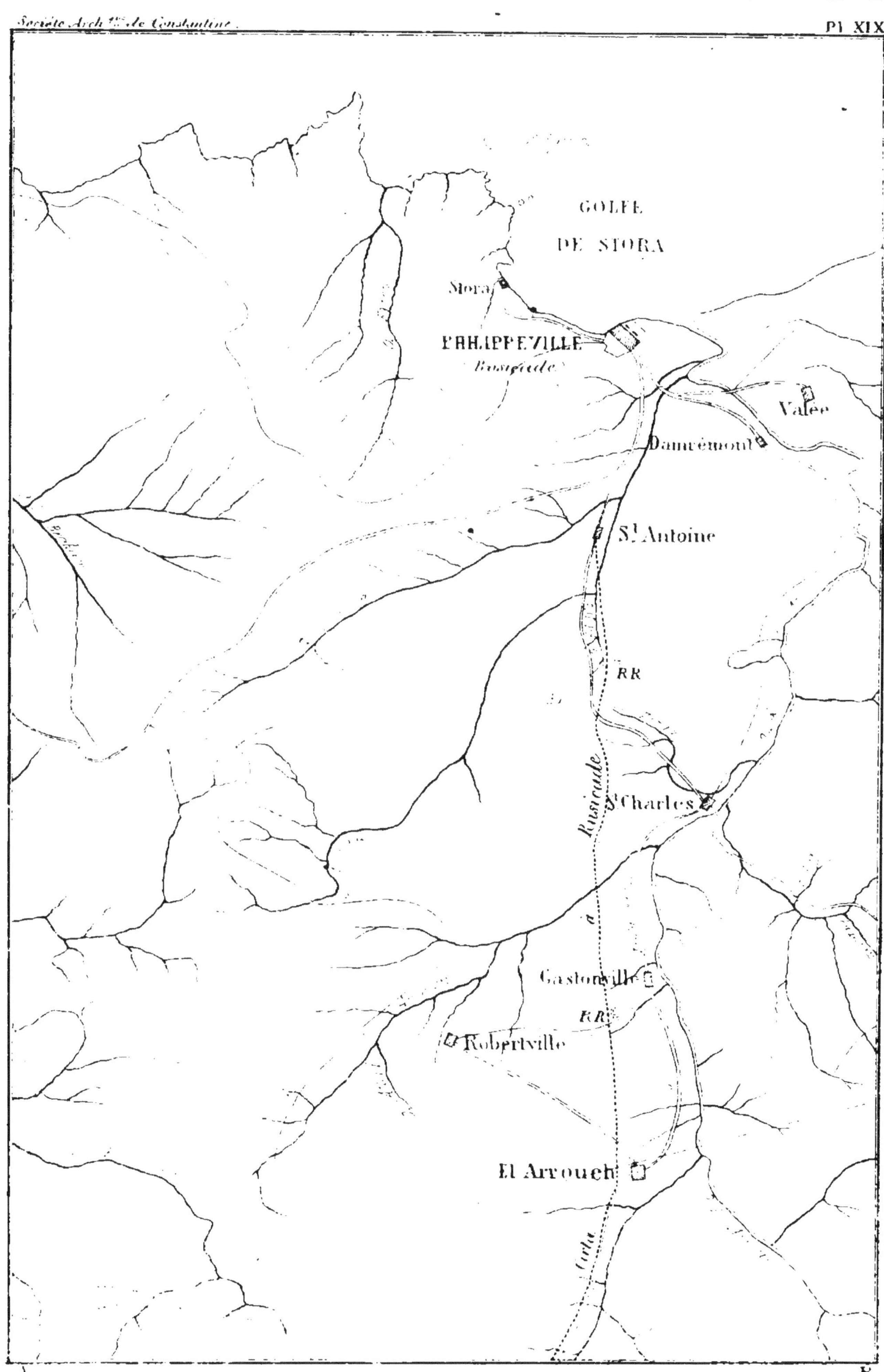
Societé Arch.te de Constantine
Pl. XIX
GOLFE
DE STORA
Stora
PHILIPPEVILLE
Rusigade
Valée
Damrémont
S.t Antoine
RR
Rusicade
S.t Charles
a
Gastonville
RR
Robertville
El Arrouch
A
B

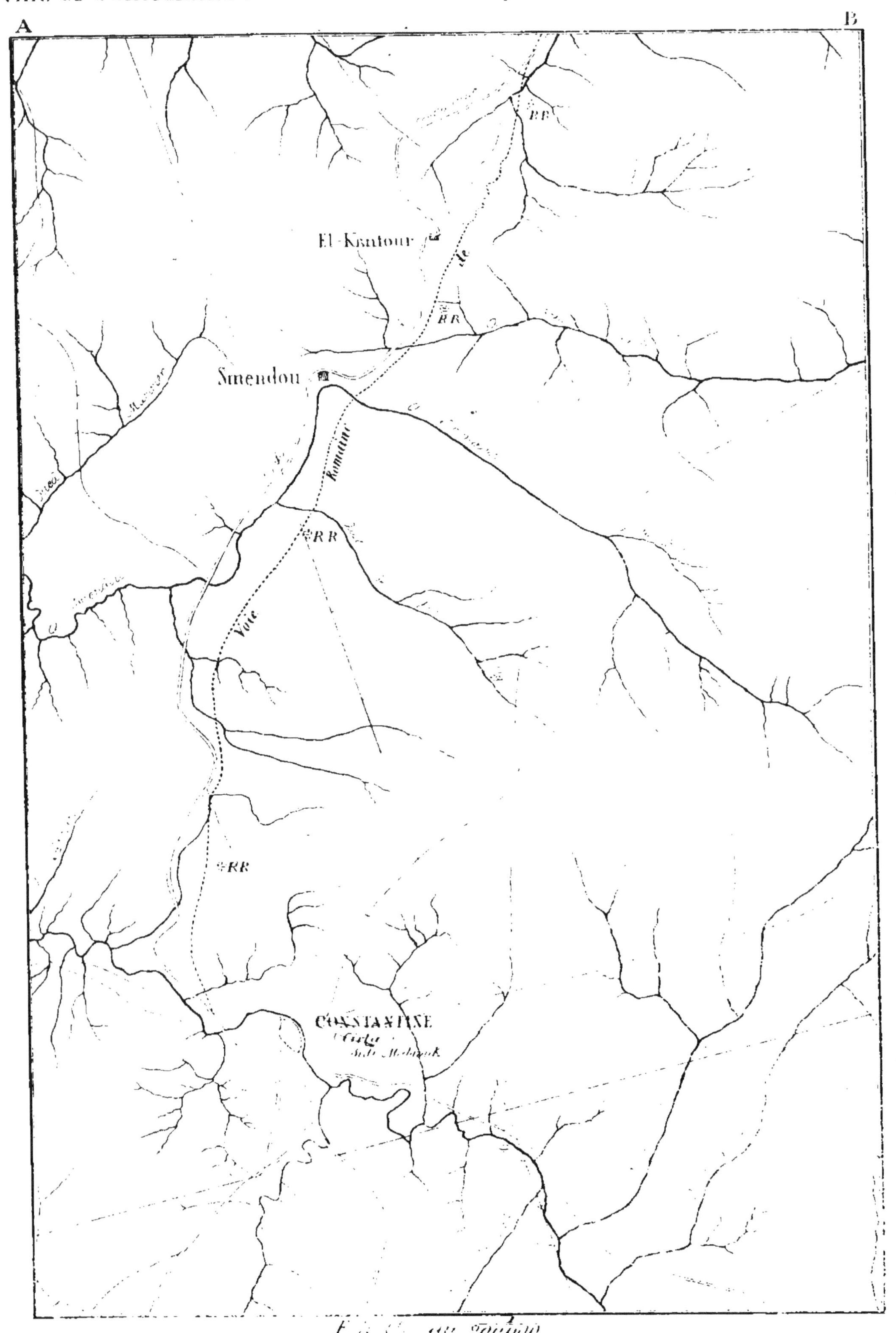
A
B
El-Kantour
Smendou
CONSTANTINE